EN İYİ GREYFURT GURME KİTABI

Greyfurt Mutfağını Kutlayan 100 Yenilikçi Tarif

İbrahim Işık

Telif Hakkı Malzemesi ©2024

Her hakkı saklıdır

Bu kitabın hiçbir bölümü, incelemede kullanılan kısa alıntılar dışında, yayıncının ve telif hakkı sahibinin uygun yazılı izni olmadan, hiçbir şekilde veya yöntemle kullanılamaz veya aktarılamaz. Bu kitap tıbbi, hukuki veya diğer profesyonel tavsiyelerin yerine geçmemelidir.

İÇİNDEKİLER

İÇİNDEKİLER 3
GİRİİŞ 6
KAHVALTI VE BRUNCH 7
   1. Mason Kavanozu Chia Pudingleri 8
   2. Kıvı Papaya Kaseleri 10
   3. C Vitamini Papaya Kaseleri 12
   4. Greyfurtlu Yoğurt Parfe 14
   5. Greyfurtlu Ricotta Tost 16
   6. Greyfurtlu Avokado Tostu 18
   7. Greyfurt ve Füme Somon Simit 20
   8. Greyfurtlu Krep 22
   9. Greyfurtlu Kahvaltı Muffinleri 24
   10. Greyfurt Brûlée Kahvaltı Kasesi: 26
   11. Greyfurt, Antep Fıstığı ve Tatlı Tahınlı Çiseleme 28
   12. Granola ve Yoğurtlu Kavrulmuş Greyfurt 30
   13. Yulaf, Antep Fıstığı ve Greyfurtlu Kase 32
   14. Papaya ve Pembe Greyfurtlu Chia Puding 34
MEZELER VE ATIŞTIRMALIKLAR 36
   15. Greyfurt Bruschetta 37
   16. Izgara Kabuklu Deniz Ürünleri Ceviche 39
   17. Greyfurt ve Biberli Halibut Ceviche 41
   18. Greyfurt ve Füme Somon Crostini 43
   19. Greyfurt ve Keçi Peyniri Bruschetta 45
   20. Greyfurt Salsa ve Cips 47
   21. Greyfurt ve Yoğurt Sosu 49
   22. Greyfurt ve Karides Şişleri 51
   23. Greyfurt - Marine Edilmiş Zeytin 53
   24. Greyfurt ve Karidesli Marul Sarmaları 55
   25. Greyfurt ve Ricotta Crostini 57
   26. Tortilla Cipsli Greyfurt Guacamole 59
   27. Greyfurt Kayısı Enerji Isırıkları 61
   28. Avokado ve Greyfurt Kraker Lokmaları 63
ANA DİL 65
   29. Narenciye-Adaçayı Soslu Kızarmış Yaban Domuzu 66
   30. Greyfurt Hollandaise ile Tavada Kızartılmış Somon 69
   31. Greyfurt ve Zencefil Sırlı Somon 72
   32. Izgara Tavuklu Greyfurt ve Avokado 74
   33. Greyfurt ve Zencefil Sırlı Domuz Bonfile 76
   34. Yakut Kırmızı Greyfurtlu Dana Scaloppine 78
   35. Greyfurt Sırlı Baharatlı Jambon 80

36. GREYFURT ŞARABINDA HAŞLANMIŞ SOMON 82
37. GREYFURT VE FÜME-ALABALIK "COBB" SALATASI 84
38. PANCAR VE GREYFURTLU ÖRDEK SALATASI 86
39. REZENE, SALATALIK VE GREYFURT İLE DENİZ TARAĞI 88
40. GREYFURT-AVOKADO SALSA İLE HALİBUT TACOS 90
41. GREYFURT VE KARİDES 92

YANLAR VE SALATALAR 94

42. HURMA İLE NARENCİYE VE RADICCHIO SALATASI 95
43. PEMBE KIRMIZI KADİFE SALATA 97
44. KIŞ GREYFURT MEYVE SALATASI 99
45. GREYFURT, PANCAR VE MAVİ PEYNİR SALATASI 101
46. KATMANLI TAZE MEYVE SALATASI 103
47. NAR ÇEKİRDEKLİ GREYFURT SALATASI 105
48. GREYFURT, AVOKADO VE PROSCİUTTO SALATASI 107
49. KIRMIZI LAHANA GREYFURT SALATASI 109
50. HAVUÇ VE FÜME SOMON SALATASI 111
51. ACI YEŞİLLER, GREYFURT VE AVOKADO SALATASI 114
52. SU TERESİ, PEMBE GREYFURT VE CEVİZ SALATASI 116
53. GREYFURT VE AVOKADO SALATASI 118
54. GREYFURT, SOMON VE AVOKADO SALATASI 120
55. GREYFURT VE SİRKEYLE KAVRULMUŞ PANCAR 122

TATLI 124

56. GREYFURT TURTASI 125
57. PORTAKALLI BREZİLYA FINDIKLI TART 127
58. GREYFURT GRANİTALI NARENCİYE KOMPOSTOSU 130
59. GREYFURT KÖPÜĞÜ 132
60. TUTTİ FRUTTİ ÖNEMSEMEMEK 134
61. GREYFURT ŞERBETİ 136
62. SİYAH VE PEMBE GREYFURT KURABİYELERİ 138
63. GREYFURTLU BALLI ZABAGLİONE 140
64. HAŞLANMIŞ GREYFURT 142
65. ANTEP FISTIKLI GREYFURT 144
66. RİCOTTA VE KAKULE BALLI GREYFURT 146
67. GREYFURT GELÈE İLE FESLEĞEN-YOĞURT PANNA COTTA 148
68. IZGARA PORTAKALLI YUMURTA MUHALLEBİ 150
69. GREYFURT VE KEÇİ PEYNİRLİ TARTLETLER 152
70. ZENCEFİLLİ MİNYATÜR GREYFURT SUFLESİ 154
71. GREYFURT ŞERBETİ 156
72. GREYFURT LORLU KURABİYE SANDVİÇLER 158
73. GREYFURT BRÛLÉE 161

ÇEŞNİLER 163

74. GREYFURT MARGARİTA SOSU 164
75. PORTAKAL REÇELİ 166

76. Greyfurt Salatası 168
77. Greyfurt ve Ballı Tereyağı 170
78. Greyfurt ve Jalapeno Salsa 172
79. Greyfurt Avokado Salsa 174
80. Greyfurt Marmelatı 176
81. Greyfurt Tadı 178
82. Greyfurt Turşusu 180
83. Greyfurt Şurubu 182
84. Greyfurt ve Nane Jölesi 184

KOKTEYLLER VE MOKTEYLLER 186
85. Vermut-Greyfurt Sangria 187
86. Biberiye Suyu 189
87. Tuzlu-Greyfurt Kombucha 191
88. Ananaslı Greyfurtlu Detoks Smoothie 193
89. Beyaz Greyfurtlu Buzlu Yaban Mersini 195
90. Nar ve Pembe Greyfurt Punch 197
91. Greyfurt Spritzi 199
92. B Eksikliği Bakire Paloma 201
93. Greyfurt Margarita 203
94. Greyfurt ve Nane Mojito 205
95. Greyfurt ve Bal Margarita 207
96. Sıcak Greyfurt Çayı 209
97. Çilek-Greyfurt Smoothie 211
98. Lillet Rose Greyfurt Kokteyli 213
99. Baharatlı Greyfurt Spritz 215
100. Greyfurt Vanilyalı Shake 217

ÇÖZÜM 219

GİRİŞ

Sizi greyfurt mutfağının canlı ve çok yönlü dünyasını keşfetme yolculuğuna davet ettiğimiz "EN İYİ GREYFURT GURME KİTABI"na hoş geldiniz! Keskin lezzeti ve mutfak olanaklarıyla dolup taşan greyfurt, eşsiz lezzetini ve çok yönlülüğünü kutlayan 100 yenilikçi tariften oluşan bu koleksiyonda merkezde yer alıyor. İster bir narenciye tutkunu olun, ister greyfurt dünyasında yeni olun, eşi benzeri olmayan bir gastronomik maceraya çıkarken ilham almaya hazırlanın. Greyfurt sadece bir kahvaltı meyvesi ya da kokteyl garnitüründen daha fazlasıdır; bir yemeğin her yemeğinde yemekleri yükseltebilecek çok yönlü bir malzemedir. Serinletici salatalardan lezzetli ana yemeklere, leziz mezelerden leziz tatlılara kadar greyfurt, süslediği her yemeğe parlak ve keskin bir boyut katıyor. Bu yemek kitabında greyfurtun mutfaktaki tüm potansiyelini sergileyen bir tarif koleksiyonu hazırladık. Her tarif, ister yemeğin yıldızı olsun ister derinlik ve karmaşıklık katan destekleyici bir oyuncu olsun, meyvenin canlı lezzet profilini vurgulamak için titizlikle hazırlanmıştır.

İster akşam yemeği misafirlerini gurme greyfurt esintili bir ziyafetle etkilemek istiyor olun, ister sadece kendinize taze ve lezzetli bir yemek arzuluyor olun, bu sayfalarda herkes için bir şeyler var. Greyfurtla çalışmaya yönelik takip edilmesi kolay talimatlar ve kullanışlı ipuçlarıyla, bu sevilen turunçgil meyvesinin mutfak olanaklarını keşfetme konusunda kendinizi güvende ve güçlü hissedeceksiniz.

Öyleyse bıçaklarınızı alın, becerilerinizi geliştirin ve greyfurtun parlak ve cesur lezzetlerini kutlayan bir mutfak yolculuğuna çıkmaya hazırlanın. İster deneyimli bir şef, ister yeni malzemeler denemeye istekli bir ev aşçısı olun , "EN İYİ GREYFURT GURME KİTABI"nın mutfakta yaratıcılık ve yenilik konusunda rehberiniz olmasına izin verin. Damak tadınızı tatmin etmeye, duyularınızı uyandırmaya ve greyfurta yeniden aşık olmaya hazırlanın. Greyfurt mutfağının canlı ve çok yönlü dünyasını kutlayan 100 yenilikçi tarifi keşfedelim!

KAHVALTI VE BRUNCH

1. Mason kavanozu chia pudingleri

İÇİNDEKİLER:

- 1 ¼ bardak %2 süt
- 1 bardak %2 sade Yunan yoğurdu
- ½ su bardağı chia tohumu
- 2 yemek kaşığı bal
- 2 yemek kaşığı şeker
- 1 yemek kaşığı portakal kabuğu rendesi
- 2 çay kaşığı vanilya özü
- ¾ bardak dilimlenmiş portakal
- ¾ bardak dilimlenmiş mandalina
- ½ fincan dilimlenmiş greyfurt

TALİMATLAR:

a) Büyük bir kapta sütü, Yunan yoğurtunu, chia tohumlarını, balı, şekeri, portakal kabuğu rendesini, vanilyayı ve tuzu iyice birleşene kadar çırpın.

b) Karışımı eşit olarak dört (16 ons) kavanoza bölün. Gece boyunca veya 5 güne kadar buzdolabında saklayın.

c) Üzerine portakal, mandalina ve greyfurt ekleyerek soğuk servis yapın.

2.Kivi Papaya Kaseleri

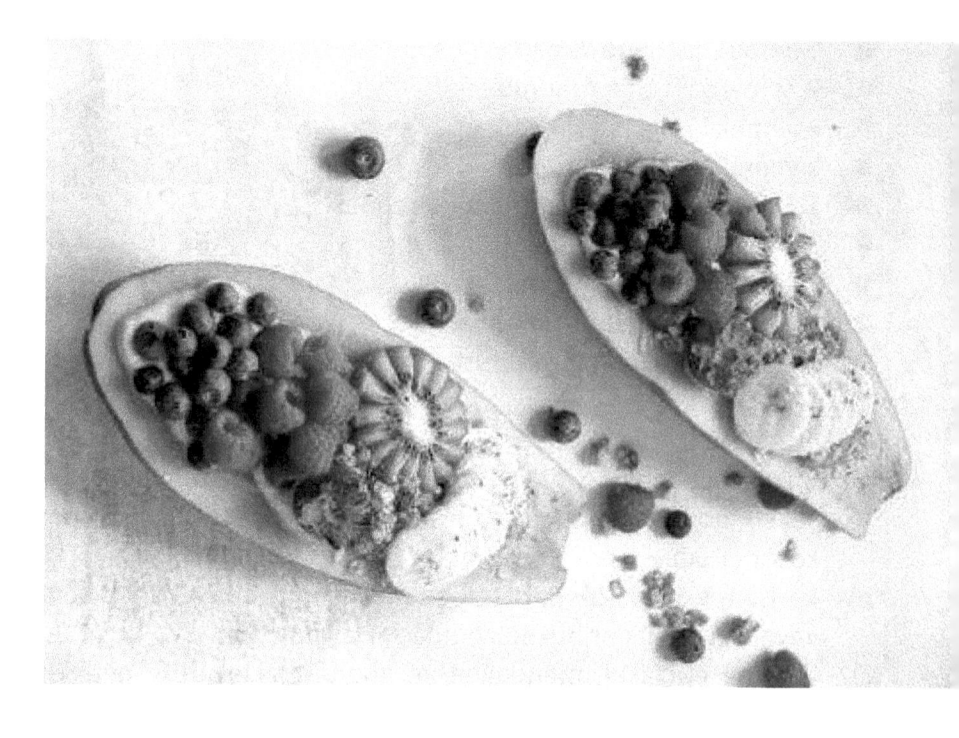

İÇİNDEKİLER:
- 4 yemek kaşığı amaranth, bölünmüş
- 2 küçük olgun papaya
- 2 su bardağı hindistan cevizli yoğurt
- 2 kivi, soyulmuş ve doğranmış
- 1 büyük pembe greyfurt, soyulmuş ve parçalara ayrılmış
- 1 büyük göbek portakalı, soyulmuş ve parçalara ayrılmış
- Kenevir tohumu
- Siyah susam tohumları

TALİMATLAR:
a) Uzun, geniş bir tencereyi orta-yüksek ateşte birkaç dakika ısıtın.
b) Birkaç tane amaranth tanesi ekleyerek tavanın yeterince sıcak olup olmadığını kontrol edin.
c) Birkaç saniye içinde titreyip patlamaları gerekir. Değilse, tavayı bir dakika daha ısıtın ve tekrar test edin. Tava yeterince ısınınca 1 yemek kaşığı amaranth ekleyin.
ç) Taneler birkaç saniye içinde patlamaya başlamalıdır.
d) Tencerenin kapağını kapatın ve tüm taneler patlayana kadar ara sıra sallayın. Patlatılmış amaranthı bir kaseye dökün ve her seferinde 1 çorba kaşığı olacak şekilde kalan amaranthla aynı işlemi tekrarlayın.
e) Papayaları gövdeden kuyruğa kadar uzunlamasına ikiye bölün, ardından çekirdeklerini çıkarın ve atın. Her iki yarıyı da patlamış amaranth ve hindistancevizi yoğurduyla doldurun.
f) Üstüne kivi, greyfurt ve portakal dilimlerini ekleyin ve üzerine kenevir tohumu ve susam serpin.

3.C Vitamini Papaya Kaseleri

İÇİNDEKİLER:
- 4 yemek kaşığı (40 g) amaranth, bölünmüş
- 2 küçük olgun papaya (her biri yaklaşık 1 pound veya 455 g)
- 2 su bardağı (480 gr) Hindistan cevizi yoğurdu
- 2 kivi, soyulmuş ve doğranmış
- 1 büyük pembe greyfurt, soyulmuş ve parçalara ayrılmış
- 1 büyük göbek portakalı, soyulmuş ve parçalara ayrılmış
- Kenevir tohumu
- Siyah susam tohumları

TALİMATLAR:
a) Uzun, geniş bir tencereyi orta-yüksek ateşte birkaç dakika ısıtın.
b) Birkaç tane amaranth tanesi ekleyerek tavanın yeterince sıcak olup olmadığını kontrol edin. Birkaç saniye içinde titreyip patlamaları gerekir.
c) Değilse, tavayı bir dakika daha ısıtın ve tekrar test edin. Tava yeterince ısındığında 1 yemek kaşığı (10 g) amaranth ekleyin.
ç) Taneler birkaç saniye içinde patlamaya başlamalıdır.
d) Tencerenin kapağını kapatın ve tüm taneler patlayana kadar ara sıra sallayın.
e) Patlatılmış amaranthı bir kaseye dökün ve her seferinde 1 çorba kaşığı (10 g) olacak şekilde kalan amaranthla aynı işlemi tekrarlayın.
f) Papayaları gövdeden kuyruğa kadar uzunlamasına ikiye bölün, ardından çekirdeklerini çıkarın ve atın.
g) Her iki yarıyı da patlamış amaranth ve hindistancevizi yoğurduyla doldurun.
ğ) Üstüne kivi, greyfurt ve portakal dilimlerini ekleyin ve üzerine kenevir tohumu ve susam serpin.

4.Greyfurtlu Yoğurt Parfe

İÇİNDEKİLER:

- 1 greyfurt, parçalara ayrılmış
- 1 bardak sade Yunan yoğurdu
- 2 yemek kaşığı bal
- ¼ bardak granola

TALİMATLAR:

a) Küçük bir kapta yoğurt ve balı karıştırın.
b) Bir bardak veya kaseye greyfurt dilimlerini, yoğurt karışımını ve granolayı katlayın.
c) Tüm malzemeler bitene kadar katmanları tekrarlayın.
ç) Derhal servis yapın.

5.Greyfurtlu Ricotta Tost

İÇİNDEKİLER:
- 1 dilim tam tahıllı ekmek
- ¼ bardak ricotta peyniri
- 1 greyfurt, parçalara ayrılmış
- 1 yemek kaşığı bal
- 1 çay kaşığı taze kekik yaprağı

TALİMATLAR:
a) Ekmeği istediğiniz çıtırlık seviyesine kadar kızartın.
b) Tost ekmeğinin üzerine ricotta peynirini yayın.
c) Üstüne greyfurt dilimleri koyun, üzerine bal gezdirin ve kekik yapraklarını serpin.
ç) Derhal servis yapın.

6.Greyfurtlu Avokado Tostu

İÇİNDEKİLER:
- 1 dilim ekşi mayalı ekmek
- ½ avokado, püresi
- 1 greyfurt, parçalara ayrılmış
- Bir tutam kırmızı biber gevreği
- Zeytinyağı çiseleme

TALİMATLAR:
a) Ekmeği istediğiniz çıtırlık seviyesine kadar kızartın.
b) Ezdiğiniz avokadoyu tostun üzerine yayın.
c) Üstüne greyfurt dilimleri, bir tutam kırmızı pul biber ve bir miktar zeytinyağı ekleyin.
ç) Derhal servis yapın.

7.Greyfurt ve Füme Somon Simit

İÇİNDEKİLER:
- 1 simit, dilimlenmiş ve kızartılmış
- 2 yemek kaşığı krem peynir
- 1 greyfurt, parçalara ayrılmış
- 2 ons füme somon
- 1 yemek kaşığı kapari
- 1 yemek kaşığı taze dereotu

TALİMATLAR:
a) Kızaran simitin üzerine krem peyniri sürün.
b) Üstüne greyfurt dilimleri ve füme somon ekleyin.
c) Üzerine kapari ve taze dereotu serpin.
ç) Derhal servis yapın.

# 8.Greyfurtlu Krep

İÇİNDEKİLER:

- 1 ½ su bardağı çok amaçlı un
- 2 çay kaşığı kabartma tozu
- ½ çay kaşığı tuz
- 2 yemek kaşığı şeker
- ½ çay kaşığı vanilya özü
- 1 yumurta
- 1 ¼ su bardağı süt
- 1 greyfurtun kabuğu rendesi ve suyu
- Tereyağı, yemek pişirmek için
- Servis için greyfurt dilimleri, akçaağaç şurubu ve ilave tereyağı

TALİMATLAR:

a) Büyük bir karıştırma kabında un, kabartma tozu, tuz ve şekeri birlikte çırpın.
b) Ayrı bir kapta vanilya özü, yumurta, süt, greyfurt kabuğu rendesi ve greyfurt suyunu birlikte çırpın.
c) Islak malzemeleri kuru malzemelerin içine dökün ve iyice birleşene kadar çırpın.
ç) Yapışmaz bir tavada, orta ateşte bir miktar tereyağını eritin.
d) Bir kepçe kullanarak hamuru tavaya dökün ve gözleme yüzeyinde kabarcıklar oluşuncaya kadar pişirin.
e) Krepleri çevirin ve iyice pişene kadar 1-2 dakika daha pişirin.
f) Kalan meyilli ile tekrarlayın.
g) Krepleri greyfurt dilimleri, akçaağaç şurubu ve tereyağıyla süsleyerek servis yapın.

9.Greyfurtlu Kahvaltı Muffinleri

İÇİNDEKİLER:
- 1 1/2 bardak çok amaçlı un
- 1/2 su bardağı toz şeker
- 2 çay kaşığı kabartma tozu
- 1/2 çay kaşığı tuz
- 1/2 su bardağı tuzsuz tereyağı, eritilmiş
- 2 büyük yumurta
- 1/2 su bardağı süt
- 1 çay kaşığı vanilya özü
- 1 greyfurt, soyulmuş ve parçalara ayrılmış, doğranmış
- 1 greyfurtun kabuğu rendesi

TALİMATLAR:
a) Fırını önceden 375°F'ye (190°C) ısıtın ve muffin kalıbını kağıt astarlarla kaplayın.
b) Büyük bir kapta un, şeker, kabartma tozu ve tuzu birlikte çırpın.
c) Başka bir kapta eritilmiş tereyağı, yumurta, süt ve vanilya özünü birlikte çırpın.
ç) Islak malzemeleri kuru malzemelerin içine dökün ve birleşene kadar karıştırın.
d) Doğranmış greyfurt dilimlerini ve kabuğunu yavaşça katlayın.
e) Hazırlanan muffin kalıplarına hamuru eşit şekilde paylaştırın.
f) 18-20 dakika veya ortasına batırdığınız kürdan temiz çıkana kadar pişirin.
g) Fırından çıkarın ve tamamen soğuması için bir tel rafa aktarmadan önce tavada 5 dakika soğumaya bırakın.
ğ) Lezzetli bir hazır kahvaltı seçeneği olarak sıcak veya oda sıcaklığında servis yapın.

10.Greyfurt Brûlée Kahvaltı Kasesi:

İÇİNDEKİLER:

- 1 greyfurt
- esmer şeker
- 1/2 bardak Yunan yoğurdu (sade %2)
- 1/2 bardak müsli veya granola
- Tadımlık bal
- 1 yemek kaşığı kıyılmış nane (isteğe bağlı)

TALİMATLAR:

a) Fırın ızgarasını yüksek konuma getirin.
b) Greyfurtu soyun ve 1/2 inçlik dilimler halinde kesin. Her dilimin kenarındaki acı özünü çıkarın. İstenirse, daha kolay yemek için dilimleri dörde bölün. Dilimleri folyo kaplı bir fırın tepsisine yerleştirin. Üstünü hafifçe silin. Her dilimin bir kısmını kağıt havluyla kurulayın.
c) Her greyfurt diliminin üzerine ince bir tabaka esmer şeker sürün.
ç) Greyfurt dilimlerini yaklaşık 8 dakika veya şeker köpürene ancak yanmayana kadar kızartın.
d) Greyfurt kaynarken bir kaseye Yunan yoğurtunu ve müsliyi ekleyin.
e) Greyfurt piştikten sonra kaseye ekleyin.
f) İsteğe göre kasenin üzerine biraz kıyılmış taze nane serpebilirsiniz.
g) Tadına göre kasenin tamamını bal ile gezdirin.
ğ) Greyfurt Brûlée Kahvaltı Kasenizin keyfini hemen çıkarın.

11. Greyfurt, Antep Fıstığı ve Tatlı Tahinli Çiseleme

İÇİNDEKİLER:

- 1 su bardağı yulaf ezmesi (gerekirse glutensiz)
- 1 ¾ bardak şekersiz badem sütü, bölünmüş
- ¼ bardak chia tohumu
- 2 yemek kaşığı kenevir tohumu
- ½ çay kaşığı taze rendelenmiş zencefil
- Bir tutam tuz
- 2 yemek kaşığı tahin
- 1 yemek kaşığı bal veya akçaağaç şurubu (veya vegan kalması için tercih edilen tatlandırıcı)
- ½ greyfurt, yatay olarak halkalar halinde dilimlenmiş ve daha sonra ikiye bölünmüş
- ½ su bardağı kavrulmuş fıstık, kabukları soyulmuş

TALİMATLAR:

a) Orta ateşteki bir tencerede yulafı, 1,5 bardak badem sütünü, chia tohumlarını ve kenevir tohumlarını birleştirin. Taze rendelenmiş zencefili ve bir tutam tuzu karıştırın. Yulaflar yumuşayana kadar yaklaşık 5 dakika pişirin.

b) Yulaf ezmesi pişerken küçük bir kapta tahin ve balı (veya akçaağaç şurubunu) karıştırın. İstediğiniz yoğun kıvama gelinceye kadar, kalan badem sütünü her seferinde 1 çorba kaşığı olacak şekilde yavaş yavaş ekleyin. (Yaklaşık 3 yemek kaşığı badem sütü gerekebilir ancak tahinin kalınlığına göre ayarlayın.)

c) Yulaf ezmesi piştikten sonra servis kaselerine aktarın.

ç) Yulaf ezmesinin üzerine greyfurt dilimleri ve kavrulmuş antep fıstığı ekleyin.

d) Tatlı tahin sosunu yulaf ezmesi kasesinin üzerine gezdirin.

e) Yulaf ezmesini sıcak olarak servis edin ve tadını çıkarın!

12.Granola ve Yoğurtlu Kavrulmuş Greyfurt

İÇİNDEKİLER:
- 1 büyük greyfurt, yarıya bölünmüş
- 1 tutam esmer şeker veya akçaağaç şekeri
- Taze zencefil rendesi
- 1/4 bardak granola
- 1 büyük kaşık sade yoğurt
- Bal çiseleme

TALİMATLAR:
a) Fırını 200°C'ye (400°F) önceden ısıtın.
b) Her bir greyfurt yarısının altından ince bir şerit kesin, böylece fırın tepsisine dik olarak oturabilirler.
c) Greyfurt dilimlerini hafifçe ayırmak için bıçağın ucunu kullanın, böylece daha sonra kepçeyle çıkarmaları daha kolay olur.
ç) Her yarım greyfurtun üstüne bir tutam esmer şeker (veya akçaağaç şekeri) ve bir miktar taze zencefil serpin.
d) Greyfurt yarımlarını bir fırın tepsisine yerleştirin ve 10-15 dakika veya şeker karamelize olana ve greyfurt hafifçe kızarıncaya kadar pişirin.
e) Kavrulmuş greyfurt yarımlarını fırından çıkarın ve hafifçe soğumasını bekleyin.
f) Servis yapmak için her greyfurt yarısına bir parça sade yoğurt koyun.
g) Yoğurdun üzerine granola serpin.
ğ) Üzerine bal gezdirin.
h) Hemen servis yapın ve bu eşsiz ve lezzetli kahvaltı ikramının tadını çıkarın!

13.Yulaf, Antep Fıstığı ve Greyfurtlu Kase

İÇİNDEKİLER:
- 1/2 bardak haddelenmiş yulaf
- 1 su bardağı badem sütü (veya dilediğiniz herhangi bir süt)
- 1/4 su bardağı kabuklu fıstık
- 1/2 greyfurt, parçalanmış
- Bal veya akçaağaç şurubu (tatlılık için isteğe bağlı)
- Bir tutam tuz
- İsteğe göre ilave malzemeler (örn. dilimlenmiş muz, kıyılmış hindistan cevizi, chia tohumu)

TALİMATLAR:
a) Küçük bir tencerede yulaf ezmesini ve badem sütünü birleştirin. Orta ateşte hafif bir kaynamaya getirin.
b) Isıyı en aza indirin ve ara sıra karıştırarak yaklaşık 5 dakika veya yulaflar pişene ve karışım istediğiniz kıvama gelinceye kadar pişirin.
c) Yulaf pişerken, eğer kabukları soyulmamışsa fıstıkların kabuklarını soyun ve greyfurtu parçalara ayırın.
ç) Yulaflar piştikten sonra tencereyi ocaktan alın ve bir tutam tuz ekleyerek karıştırın.
d) Pişen yulafları servis kasesine aktarın.
e) Yulafın üzerine dilimlenmiş greyfurt ve kabuklu antep fıstığı ekleyin.
f) İstenirse, tatlılık için üstüne bal veya akçaağaç şurubu gezdirin.
g) Dilimlenmiş muz, rendelenmiş hindistan cevizi veya chia tohumu gibi istediğiniz ilave malzemeleri ekleyin.
ğ) Kahvaltı kasesini hemen servis edin ve tadını çıkarın!

14. Papaya ve Pembe Greyfurtlu Chia Puding

İÇİNDEKİLER:

Chia pudingi için:
- 1 yemek kaşığı chia tohumu
- 100 ml hindistan cevizi sütü

Yulaf ezmesi için:
- 30g Mornflake İskoç Jumbo Yulaf
- 60g karışık fındık (Brezilya, badem, ceviz ve kaju)
- 10 gr kabak çekirdeği
- 2 yemek kaşığı akçaağaç şurubu

Ek olarak:
- 1 papaya, ısırık büyüklüğünde doğranmış
- ½ pembe greyfurt, dilimlenmiş

TALİMATLAR:

a) Chia pudingi yapmak için chia tohumlarını bir kavanoza ekleyin ve hindistan cevizi sütünün üzerine dökün. İyice karıştırın, kavanozu kapatın ve bir gece buzdolabında bekletin.

b) Yulaf ezmesi için yulafları ve kıyılmış fındıkları bir tavaya ekleyin ve yanmayı önlemek için sık sık karıştırarak orta ateşte yaklaşık 5 dakika kızartın. Kızartıldıktan sonra akçaağaç şurubunu üzerine dökün ve yulaf ve fındıklar şurupla kaplanana kadar 3 dakika daha pişirmeye devam edin. Isıdan çıkarın ve soğumaya bırakın.

c) Sabah papayayı lokma büyüklüğünde parçalar halinde doğrayın ve bir kavanozun veya servis tabağının tabanına kaşıkla dökün.

ç) Chia pudingini papayanın üzerine katlayın ve ardından pembe greyfurt dilimlerini ekleyin.

d) Yulaf ezmesini chia pudinginin ve meyve katmanlarının üzerine serpin.

e) Hemen servis yapın ve bu canlandırıcı ve besleyici kahvaltının tadını çıkarın!

MEZELER VE ATIŞTIRMALIKLAR

15.Greyfurt Bruschetta

İÇİNDEKİLER:
- Baget dilimleri, kızarmış
- Keçi peyniri
- Greyfurt segmentleri
- Bal
- Süslemek için taze kekik yaprakları

TALİMATLAR:
a) Kızartılmış baget dilimlerinin üzerine keçi peynirini sürün.
b) Her dilimi greyfurt dilimleriyle doldurun.
c) Üzerine bal gezdirin.
ç) Taze kekik yapraklarıyla süsleyin.
d) Zarif ve lezzetli bir kahvaltılık bruschetta seçeneği olarak hemen servis yapın.

16.Izgara kabuklu deniz ürünleri ceviche

İÇİNDEKİLER:

- ¾ pound Orta boy karides, kabuklu ve Çıkarılmış
- Yarım kilo deniz tarağı
- ¾ pound Somon filetosu
- 1 su bardağı doğranmış domates (½inç Zar)
- 1 bardak doğranmış mango (½ inç zar)
- 2 Greyfurt, soyulmuş ve parçalara ayrılmış
- 3 Portakal, soyulmuş ve dilimlenmiş
- 4 Limon, soyulmuş ve parçalara ayrılmış
- ½ bardak Doğranmış kırmızı soğan (½ inç Zar)
- 2 Jalapenos, kıyılmış
- 4 su bardağı Taze limon suyu
- 1 su bardağı kıyılmış kişniş
- 2 yemek kaşığı Şeker
- Tuz ve toz biber

TALİMATLAR:

a) Reaktif olmayan büyük bir kapta deniz tarağı, somon, karides, domates, mango, soğan, jalapeno ve limon suyunu birleştirin.
b) Marine edin ve 3 saat buzdolabında bekletin.
c) Marineden çıkarın ve balıkları ve kabuklu deniz hayvanlarını ızgarada iz bırakacak kadar uzun süre (30-60 saniye) ızgaralayın.
ç) Tüm balıkları yarım santimlik zarlar halinde kesin.
d) Servis yapmadan hemen önce meyvenin mümkün olduğu kadar limon suyunu boşaltın ve kişniş, şeker, kabuklu deniz ürünleri ve somonu ekleyin. Meyveleri ve balıkları parçalamamaya dikkat ederek yavaşça karıştırın.

17. Greyfurt ve biberli Halibut ceviche

İÇİNDEKİLER:

- 1 kiloluk Halibut fileto
- ½ su bardağı Taze sıkılmış limon suyu
- 6 yemek kaşığı Taze sıkılmış greyfurt suyu
- 1 Bütün Greyfurt
- ½ çay kaşığı Çok ince kıyılmış sarımsak
- 2 yemek kaşığı Çok ince kıyılmış kırmızı biber
- 1 yemek kaşığı Çok ince kıyılmış yeşil biber
- 2 yemek kaşığı (paketlenmiş) Taze nane şifonatı
- Acı sos
- Sızma zeytinyağı

TALİMATLAR:

a) Çok keskin bir bıçakla halibutu ince geniş dilimler halinde kesin. Bir kaseye koyun ve limon suyu ve greyfurt suyuyla karıştırın. 15 dakika oda sıcaklığında bekletin.

b) Bu arada greyfurtu ekvatordan ikiye bölün ve greyfurt bıçağı kullanarak greyfurt parçalarını kesin. Parçayı uzunlamasına ikiye bölün.

c) Ceviche'yi servis etmeye hazır olduğunuzda halibuttaki sıvıyı tamamen boşaltın ve sıvıyı atın.

ç) Balığa greyfurt parçaları, sarımsak, kırmızı biber, yeşil biber ve nane ekleyin.

d) Yavaşça fırlatın. Halibut şeritlerini bir tabağa düz bir şekilde yerleştirerek 6 tabağa bölün. Kaba tuzla tatlandırın, acı sos serpin ve sızma zeytinyağı gezdirin. Derhal servis yapın.

18. Greyfurt ve Füme Somon Crostini

İÇİNDEKİLER:
- 1 baget, dilimlenmiş ve kızartılmış
- 4 ons füme somon
- 1 greyfurt, parçalara ayrılmış
- 2 yemek kaşığı krem peynir
- 1 yemek kaşığı doğranmış taze dereotu

TALİMATLAR:
a) Krem peyniri her kızarmış baget diliminin üzerine yayın.
b) Üstüne füme somon ve greyfurt dilimleri ekleyin.
c) Taze dereotu serpin.
ç) Derhal servis yapın.

19.Greyfurt ve Keçi Peyniri Bruschetta

İÇİNDEKİLER:
- 1 baget, dilimlenmiş ve kızartılmış
- 4 ons keçi peyniri
- 1 greyfurt, parçalara ayrılmış
- ¼ bardak doğranmış taze fesleğen
- 1 yemek kaşığı bal

TALİMATLAR:
a) Keçi peynirini her kızarmış baget diliminin üzerine yayın.
b) Greyfurt dilimleri ile doldurun.
c) Taze fesleğen serpin ve bal ile gezdirin.
ç) Derhal servis yapın.

20.Greyfurt Salsa ve cips

İÇİNDEKİLER:
- 2 greyfurt, parçalara ayrılmış
- ½ kırmızı soğan, ince doğranmış
- 1 jalapeno, çekirdekleri çıkarılmış ve ince doğranmış
- ¼ bardak doğranmış taze kişniş
- 2 yemek kaşığı limon suyu
- Tatmak için biber ve tuz
- Servis için tortilla cipsi

TALİMATLAR:
a) Orta boy bir karıştırma kabında greyfurt dilimlerini, kırmızı soğanı, jalapeno biberini, kişnişi, limon suyunu, tuzu ve karabiberi birleştirin.
b) İyice birleşene kadar her şeyi bir araya getirin.
c) Tortilla cipsleri ile servis yapın.

21.Greyfurt ve Yoğurt Sosu

İÇİNDEKİLER:
- 1 greyfurt, parçalara ayrılmış
- 1 bardak sade Yunan yoğurdu
- 1 yemek kaşığı bal
- ¼ çay kaşığı öğütülmüş tarçın

TALİMATLAR:
a) Orta boy bir karıştırma kabında Yunan yoğurdu, bal ve tarçını birlikte çırpın.
b) Greyfurt dilimlerini yavaşça katlayın.
c) Dilimlenmiş elma, armut veya kraker ile servis yapın.

22.Greyfurt ve Karides Şişleri

İÇİNDEKİLER:
- 1 greyfurt, parçalara ayrılmış
- 12 adet orta boy pişmiş karides
- 2 yemek kaşığı zeytinyağı
- 1 yemek kaşığı kıyılmış taze maydanoz
- Tatmak için biber ve tuz
- Çöp şiş

TALİMATLAR:
a) Izgarayı orta ateşte önceden ısıtın.
b) Greyfurt dilimlerini ve pişmiş karidesleri, greyfurt ve karides arasında dönüşümlü olarak tahta şişlerin üzerine geçirin.
c) Küçük bir karıştırma kabında zeytinyağını, maydanozu, tuzu ve karabiberi bir araya getirerek marine yapın.
ç) Marine edilmiş sosu greyfurt ve karides şişlerinin üzerine sürün.
d) Şişlerin her iki tarafını da 2-3 dakika veya karidesler hafifçe kömürleşene kadar ızgarada pişirin.
e) Derhal servis yapın.

23.Greyfurt - Marine Edilmiş Zeytin

İÇİNDEKİLER:

- 1 su bardağı yeşil veya siyah zeytin
- 1 greyfurtun kabuğu rendesi
- 1 greyfurtun suyu
- 2 yemek kaşığı zeytinyağı
- 2 diş sarımsak, kıyılmış
- 1 çay kaşığı taze biberiye, doğranmış
- 1 çay kaşığı taze kekik yaprağı
- Tatmak için biber ve tuz

TALİMATLAR:

a) Bir kapta zeytinleri, greyfurt kabuğu rendesini, greyfurt suyunu, zeytinyağını, kıyılmış sarımsağı, doğranmış biberiyeyi ve kekik yapraklarını birleştirin.
b) Karışımı tuz ve karabiberle tatlandırın.
c) Zeytinleri, marine ile eşit şekilde kaplanana kadar atın.
ç) Kasenin kapağını kapatın ve zeytinleri buzdolabında en az 30 dakika kadar marine edin.
d) Narenciye ile marine edilmiş zeytinleri lezzetli bir atıştırmalık veya meze seçeneği olarak servis edin.
e) Tuzlu zeytinlerle narenciye lezzetinin tadını çıkarın.

24. Greyfurt ve Karidesli Marul Sarmaları

İÇİNDEKİLER:
- 1 greyfurt, parçalanmış ve doğranmış
- 8 büyük pişmiş karides, soyulmuş ve ayrılmış, doğranmış
- 1/4 bardak kırmızı dolmalık biber, doğranmış
- 1/4 bardak salatalık, doğranmış
- 2 yemek kaşığı taze kişniş, doğranmış
- 1 misket limonunun suyu
- Tatmak için biber ve tuz
- Servis için tereyağlı marul yaprakları

TALİMATLAR:
a) Bir karıştırma kabında doğranmış greyfurt, doğranmış karides, doğranmış kırmızı dolmalık biber, doğranmış salatalık, doğranmış kişniş ve limon suyunu birleştirin.
b) Karışımı tuz ve karabiberle tatlandırın.
c) Malzemeleri iyice birleşene kadar yavaşça atın.
ç) Greyfurt ve karides karışımını tereyağlı marul yapraklarının üzerine kaşıkla dökün.
d) Marul sarmaları oluşturmak için marul yapraklarını toplayın.
e) Greyfurt ve karidesli marul dürümlerini hafif ve canlandırıcı bir meze olarak servis edin.

25.Greyfurt ve Ricotta Crostini

İÇİNDEKİLER:
- 1 baget, yuvarlak dilimlenmiş
- 2 yemek kaşığı zeytinyağı
- 1/2 bardak ricotta peyniri
- 1 greyfurt, parçalanmış ve doğranmış
- 1 yemek kaşığı bal
- Süslemek için taze kekik yaprakları
- Tatmak için biber ve tuz

TALİMATLAR:
a) Fırını önceden 375°F'ye (190°C) ısıtın.
b) Baget dilimlerini bir fırın tepsisine yerleştirin ve her dilime zeytinyağı sürün.
c) Baget dilimlerini önceden ısıtılmış fırında yaklaşık 5-7 dakika veya hafif altın rengi ve gevrek olana kadar kızartın.
ç) Her kızarmış baget diliminin üzerine ricotta peynirini sürün.
d) Bir kapta doğranmış greyfurt ve balı birleştirin. Tatmak için tuz ve karabiber ekleyin.
e) Greyfurt karışımını ricotta kaplı baget dilimlerinin üzerine kaşıkla dökün.
f) Taze kekik yapraklarıyla süsleyin.
g) Greyfurt ve ricotta crostini'yi lezzetli ve şık bir meze olarak servis edin.

26.Tortilla Cipsli Greyfurt Guacamole

İÇİNDEKİLER:

- 2 olgun avokado
- 1 greyfurt, parçalanmış ve doğranmış
- 1/4 bardak kırmızı soğan, ince doğranmış
- 2 yemek kaşığı taze kişniş, doğranmış
- 1 misket limonunun suyu
- Tatmak için biber ve tuz
- Servis için tortilla cipsi

TALİMATLAR:

a) Bir karıştırma kabında olgun avokadoları çatalla pürüzsüz hale gelinceye kadar ezin.
b) Püre halindeki avokadolara doğranmış greyfurt, doğranmış kırmızı soğan, doğranmış kişniş ve limon suyunu ekleyin.
c) Guacamole'yi tuz ve karabiberle tatlandırın.
ç) Tüm malzemeler iyice birleşene kadar yavaşça karıştırın.
d) Daldırma için greyfurt guacamole'yi tortilla cipsi ile servis edin.
e) Lezzetli bir atıştırmalık veya meze olarak klasik guacamole'nin bu eşsiz dokunuşunun tadını çıkarın.

27. Greyfurt Kayısı Enerji Isırıkları

İÇİNDEKİLER:
- 8 ons kuru kayısı
- 1 su bardağı eski moda yulaf
- 1/4 su bardağı ince kıyılmış şekersiz hindistan cevizi (artı yuvarlamak için daha fazlası)
- 1 yemek kaşığı chia tohumu veya fesleğen tohumu
- 1 yemek kaşığı öğütülmüş keten
- 1 greyfurtun kabuğu rendesi
- 1/2 greyfurt, suyu sıkılmış
- 1/4 bardak çiğ kaju ezmesi
- Tutam tuzu

TALİMATLAR:
a) Kayısıları önce ince bir şekilde öğütülene kadar karıştırın.
b) Kalan malzemeleri ekleyin ve birleşene kadar karıştırın.
c) Karışımdan yaklaşık 1 yemek kaşığı kadarını toplar halinde yuvarlayın ve kıyılmış hindistan cevizine bulayın, yapışmasına yardımcı olmak için hafifçe bastırın.

28.Avokado ve Greyfurt Kraker Lokmaları

İÇİNDEKİLER:
- krakerler
- 1 avokado, soyulmuş ve ince dilimlenmiş
- 1 greyfurt, soyulmuş ve parçalara ayrılmış
- 1 yemek kaşığı bal
- Tatmak için biber ve tuz

TALİMATLAR:
a) Krakerleri servis tabağına veya tabağa dizin.
b) Her krakerin üzerine bir dilim avokado ekleyin.
c) Her avokado diliminin üzerine bir greyfurt dilimi yerleştirin.
ç) Avokado ve greyfurt ısırıklarının üzerine bal gezdirin.
d) Tatmak için bir tutam tuz ve karabiber ekleyin.
e) Serinletici ve lezzetli bir meze veya atıştırmalık olarak hemen servis yapın.

ANA DİL

29. Narenciye-Adaçayı Soslu Kızarmış Yaban Domuzu

İÇİNDEKİLER:

- 4,4 pound yaban domuzu eyeri (pişirmeye hazır)
- 3 defne yaprağı
- 1 çay kaşığı öğütülmüş yenibahar biberi
- ½ bardak av eti suyu (veya tavuk suyu)
- 2 litre filtrelenmemiş elma suyu
- 7 ons arpacık soğanı
- 2 diş sarımsak
- tuz
- 2 yemek kaşığı sade tereyağı
- 2 portakal
- 2 küçük greyfurt
- 4 adet taze adaçayı (yaprak)

TALİMATLAR:

a) Domuz etini durulayın, kurulayın ve büyük bir dondurucu torbaya (6 litre) koyun.

b) Defne yaprağını, yenibaharı, biberi, et suyunu ve elma suyunu ekleyin. Torbayı sıkıca kapatın ve eti kaplayacak şekilde torbayı çevirin. Buzdolabında 8-12 saat (tercihen bir gece) marine edin.

c) Arpacık soğanı ve sarımsakları soyun. Sarımsakları doğrayın ve arpacık soğanı dörde bölün.

ç) Dondurucu poşetini açın, turşuyu geniş bir kaseye dökün, eti çıkarın ve kağıt havluyla kurulayın. Yağ tabakasını keskin bir bıçakla elmas şeklinde çizin ve etin her tarafını tuz ve karabiberle ovalayın.

d) Tereyağını bir tavada ısıtın ve etin her tarafını yüksek ateşte kızartın. Arpacık soğanı ve sarımsağı ekleyip yumuşayana kadar pişirin.

e) Marinayı tavaya dökün, üzerini kapatın ve önceden ısıtılmış fırında 180°C'de (fanlı 160°C, gaz: işaret 2-3) (yaklaşık 350°F) yaklaşık 2 ½ saat boyunca düzenli olarak çevirerek pişirin.

f) Kapağı çıkarın ve sıcaklığı 200°C'ye yükseltin (fanlı fırın 180°C, gaz: işaret 3) (yaklaşık 400°F). Eti yağlı tarafı yukarı bakacak şekilde çevirin ve güzel bir kabuk oluşana kadar fırında yaklaşık 30 dakika daha pişirin.

g) Bu arada, portakal ve greyfurtun kabuklarını soymak için keskin bir bıçak kullanın, böylece tüm acı beyaz özler giderilir. Meyve sularını toplamak için bir kase üzerinde çalışarak meyveleri zarların arasından kesin.
ğ) Eti tavadan çıkarın ve sıcak tutmak için üzerini örtün. Defne yapraklarını çıkarın ve pişirme sıvısını bir tencereye dökün. Kaynatın ve yaklaşık 10 dakika daha kaynatın.
h) Adaçayı durulayın, sallayarak kurulayın, yapraklarını toplayın ve ince ince doğrayın.
ı) Narenciye dilimlerini ve toplanan narenciye suyunu adaçayı ile birlikte sosa ekleyin ve yaklaşık 5 dakika pişirin. Tuz ve karabiberle tatlandırın.
i) Eti dilimler halinde kesin ve narenciye adaçayı sosuyla servis yapın.

30. Greyfurt Hollandaise ile Tavada Kızartılmış Somon

İÇİNDEKİLER:

- 4 x 200g somon filetosu, derili ve kılçıksız
- 1 yemek kaşığı hafif zeytinyağı
- 450g kuşkonmaz, doğranmış
- 100 ml su
- 25 gr tereyağı
- 1 çay kaşığı pembe biber
- Servis için pembe greyfurt dilimleri (isteğe bağlı)
- Pembe greyfurt hollandez için
- 50 ml sek beyaz şarap
- 80 ml beyaz şarap sirkesi
- 1 küçük arpacık soğanı, soyulmuş ve ince doğranmış
- 2 tarhun dalı, kabaca doğranmış
- 200 gr tereyağı
- 2 yumurta sarısı
- 1 yemek kaşığı pembe greyfurt suyu
- 1 çay kaşığı pembe greyfurt kabuğu rendesi
- 1 yemek kaşığı ince dilimlenmiş frenk soğanı
- Deniz tuzu ve ince çekilmiş karabiber

TALİMATLAR:

a) Hollandaise sosunu hazırlayarak başlayın: şarabı, sirkeyi, arpacık soğanını ve tarhunu küçük bir tencereye koyun ve sıvı miktarı yaklaşık 2 yemek kaşığı olana kadar ısıtın. Süzün, katıları atın ve ihtiyaç duyulana kadar bir kenara koyun.

b) 200 gr tereyağını hafif ateşte eritin ve altın renkli sıvıyı dikkatlice bir sürahiye dökün, tavanın dibindeki sütlü katıları atın.

c) Kaynayan su dolu bir tencerenin üzerine ısıya dayanıklı bir kap yerleştirin. Yumurta sarısını, greyfurt suyunu, kabuğu rendesini ve azaltılmış sirkenin yarısını ekleyin. Köpüklü ve kalın bir kıvam alana kadar çırpın, ardından sürekli karıştırarak eritilmiş tereyağını yavaş yavaş ekleyin. Frenk soğanlarını karıştırın, ardından tuz ve karabiberle tatlandırın ve çok koyu ise biraz ılık su ekleyin. Biraz daha keskin olmayı tercih ederseniz, kalan sirke azaltımını ekleyin. Bir tarafa koyun.

ç) Somon filetoların derisini çizin, ardından fırçayla zeytinyağı sürün ve her iki tarafını da tuz ve karabiberle tatlandırın. Büyük, yapışmaz bir kızartma tavasını orta-yüksek ateşe yerleştirin ve ısındığında somonu derisi aşağı bakacak şekilde ekleyin. Isıyı orta-düşük seviyeye düşürün ve cildi oldukça gevrek olana kadar yaklaşık 5 dakika pişirin. Ters çevirin ve diğer tarafını 2-3 dakika, hafif esnekleşinceye kadar pişirin. Balıkları çıkarın ve birkaç dakika dinlenmesine izin verin.

d) Bu arada kuşkonmazı su, tereyağı, biraz tuz ve karabiberle birlikte geniş bir sote tavasına koyun. Yüksek ateşte koyun ve 5 dakika veya yumuşayana kadar pişirin.

e) Her servis tabağına bir somon fileto koyun ve yanına biraz kuşkonmaz koyun. Hollandaiseyi somonun üzerine dökün ve üzerine birkaç pembe biber serpin. Dilerseniz yanında bir dilim pembe greyfurt ile servis yapın.

31.Greyfurt ve Zencefil Sırlı Somon

İÇİNDEKİLER:

- 4 somon filetosu
- 1 greyfurt, suyu sıkılmış
- 1 yemek kaşığı rendelenmiş zencefil
- 2 yemek kaşığı bal
- 2 diş sarımsak, kıyılmış
- Tatmak için biber ve tuz

TALİMATLAR:

a) Fırını 375°F'ye (190°C) önceden ısıtın.
b) Küçük bir karıştırma kabında greyfurt suyunu, rendelenmiş zencefili, balı, kıyılmış sarımsağı, tuzu ve karabiberi birlikte çırpın.
c) Somon filetolarını bir fırın tepsisine yerleştirin.
ç) Greyfurt sosunu somon filetolarının üzerine dökün.
d) 12-15 dakika veya somon tamamen pişene kadar pişirin.
e) Derhal servis yapın.

32.Izgara Tavuklu Greyfurt ve Avokado

İÇİNDEKİLER:
- 4 tavuk göğsü
- 1 greyfurt, parçalara ayrılmış
- 1 avokado, dilimlenmiş
- 4 su bardağı karışık yeşillik
- ¼ bardak doğranmış kırmızı soğan
- 2 yemek kaşığı zeytinyağı
- 2 yemek kaşığı beyaz şarap sirkesi
- Tatmak için biber ve tuz

TALİMATLAR:
a) Izgarayı orta ateşte önceden ısıtın.
b) Tavuk göğüslerini tuz ve karabiberle tatlandırın.
c) Tavuk göğüslerini her iki tarafı da 6-8 dakika veya iyice pişene kadar ızgarada pişirin.
ç) Büyük bir karıştırma kabında karışık yeşillikleri, greyfurt dilimlerini, avokado dilimlerini ve doğranmış kırmızı soğanı birleştirin.
d) Sosu hazırlamak için ayrı bir kapta zeytinyağını, beyaz şarap sirkesini, tuzu ve karabiberi çırpın.
e) Sosu salataya ekleyin ve kaplayın.
f) Salatayı tabaklara paylaştırın ve her tabağın üzerine ızgara tavuk göğsü ekleyin.
g) Derhal servis yapın.

33.Greyfurt ve Zencefil Sırlı Domuz Bonfile

İÇİNDEKİLER:

- 1 domuz bonfile
- 1 greyfurt, suyu sıkılmış
- 1 yemek kaşığı rendelenmiş zencefil
- 2 yemek kaşığı bal
- 2 diş sarımsak, kıyılmış
- Tatmak için biber ve tuz

TALİMATLAR:

a) Fırını 375°F'ye (190°C) önceden ısıtın.
b) Küçük bir karıştırma kabında greyfurt suyunu, rendelenmiş zencefili, balı, kıyılmış sarımsağı, tuzu ve karabiberi birlikte çırpın.
c) Domuz bonfilesini bir fırın tepsisine yerleştirin.
ç) Greyfurt sırını domuz bonfilesinin üzerine dökün.
d) 20-25 dakika veya domuz eti bonfile tamamen pişene kadar pişirin.
e) Dilimlemeden önce domuz bonfilesini 5 dakika dinlendirin.
f) Derhal servis yapın.

34. Yakut Kırmızı Greyfurtlu Dana Scaloppine

İÇİNDEKİLER:
- Dana scaloppine dilimleri
- Tuz ve biber
- Tarama için çok amaçlı un
- Zeytin yağı
- Tereyağı
- Yakut kırmızısı greyfurt dilimleri
- Beyaz şarap
- Kıyılmış taze maydanoz (süslemek için)

TALİMATLAR:
a) Dana tarak dilimlerini tuz ve karabiberle tatlandırın, ardından una bulayın ve fazlalıkları silkeleyin.
b) Zeytinyağı ve tereyağını bir tavada orta-yüksek ateşte ısıtın.
c) Dana tarak dilimlerini tavaya ekleyin ve her iki tarafı da altın rengi kahverengi olana kadar, yaklaşık 2-3 dakika pişirin.
ç) Dana etini tavadan alıp bir kenara koyun.
d) Aynı tavaya yakut kırmızısı greyfurt dilimlerini ekleyin ve iyice ısınması için 1-2 dakika pişirin.
e) Tavayı beyaz şarapla yağdan arındırın ve alttan kahverengileşmiş parçaları kazıyın.
f) Dana tarak dilimlerini tekrar tavaya alın ve greyfurt ve şarap sosunda bir dakika daha pişirin.
g) Servis yapmadan önce kıyılmış taze maydanozla süsleyin.

35. Greyfurt Sırlı Baharatlı Jambon

İÇİNDEKİLER:
- 1 taze jambon (yaklaşık 5-6 pound)

BAHARAT RUTU:
- 2 yemek kaşığı esmer şeker
- 1 yemek kaşığı kırmızı biber
- 1 çay kaşığı öğütülmüş tarçın
- 1 çay kaşığı öğütülmüş zencefil
- 1 çay kaşığı öğütülmüş karanfil
- Tatmak için biber ve tuz

GREYFURT SIRASI:
- 1 su bardağı taze sıkılmış greyfurt suyu
- 1/4 su bardağı esmer şeker
- 2 yemek kaşığı Dijon hardalı
- 2 yemek kaşığı soya sosu
- 2 diş sarımsak, kıyılmış
- Tatmak için biber ve tuz

TALİMATLAR:
a) Fırını önceden 325°F'ye (160°C) ısıtın.
b) Küçük bir kapta baharat ovma malzemelerini karıştırın.
c) Baharat karışımını taze jambonun her tarafına sürün.
ç) Jambonu bir kızartma tavasına yerleştirin ve önceden ısıtılmış fırında yaklaşık 2-3 saat veya iç sıcaklık 63°C'ye (145°F) ulaşana kadar kızartın.
d) Jambon kızartılırken greyfurt sırını hazırlayın. Bir tencerede greyfurt suyu, esmer şeker, Dijon hardalı, soya sosu, kıyılmış sarımsak, tuz ve karabiberi birleştirin. Orta ateşte kaynamaya bırakın ve karışım azalıp biraz koyulaşana kadar pişirin.
e) Kavurmanın son 30 dakikasında, ara sıra bastırarak greyfurt sırını jambonun üzerine fırçalayın.
f) Jambon tamamen pişip sırlandıktan sonra fırından çıkarın ve dilimlemeden önce yaklaşık 10-15 dakika dinlendirin.
g) Baharatla ovulmuş taze jambonu greyfurt sosuyla servis edin, istenirse ek greyfurt dilimleriyle süsleyin.

36.Greyfurt Şarabında Haşlanmış Somon

İÇİNDEKİLER:
- 4 somon filetosu
- Tatmak için biber ve tuz
- 2 bardak kuru beyaz şarap
- 1 su bardağı taze sıkılmış greyfurt suyu
- 1 greyfurtun kabuğu rendesi
- 2 diş sarımsak, kıyılmış
- 2 arpacık, ince dilimlenmiş
- Garnitür için taze otlar (dereotu, kekik veya maydanoz gibi)

TALİMATLAR:
a) Somon filetolarını tuz ve karabiberle tatlandırın.
b) Büyük bir tavada veya sığ bir tavada beyaz şarabı, greyfurt suyunu, greyfurt kabuğu rendesini, kıyılmış sarımsağı ve dilimlenmiş arpacık soğanı birleştirin.
c) Sıvıyı orta ateşte kaynamaya getirin.
ç) Baharatlı somon filetolarını, haşlama sıvısına batırılmış olduklarından emin olarak tavaya dikkatlice ekleyin.
d) Somonu 8-10 dakika veya balıklar iyice pişip çatalla kolayca parçalanıncaya kadar haşlayın.
e) Delikli bir spatula kullanarak haşlanmış somon filetolarını dikkatlice servis tabaklarına aktarın.
f) İsterseniz taze otlar ve ilave greyfurt kabuğu rendesi ile süsleyin.
g) Somonu en sevdiğiniz garnitürlerle birlikte sıcak olarak servis edin.

37. Greyfurt ve Füme-Alabalık "Cobb" Salatası

İÇİNDEKİLER:
- 8 su bardağı karışık salata yeşillikleri
- 1 greyfurt, soyulmuş ve parçalara ayrılmış
- 8 ons füme alabalık, kuşbaşı
- 2 adet haşlanmış yumurta, dilimlenmiş
- 1 avokado, doğranmış
- 1/2 su bardağı ufalanmış mavi peynir
- 1/4 su bardağı kıyılmış ceviz veya ceviz
- Balsamik Sirke

TALİMATLAR:
a) Karışık salata yeşilliklerini geniş bir servis tabağına dizin.
b) Üstüne greyfurt dilimleri, füme alabalık, dilimlenmiş haşlanmış yumurta, doğranmış avokado, ufalanmış mavi peynir ve doğranmış fındık ekleyin.
c) Üzerine balzamik sos gezdirin ve isteğe bağlı olarak ekstra fındık veya mavi peynirle süsleyerek hemen servis yapın.

38.Pancar ve Greyfurtlu Ördek Salatası

İÇİNDEKİLER:
- 2 ördek göğsü
- Tatmak için biber ve tuz
- 2 su bardağı karışık salata yeşillikleri
- 1 greyfurt, soyulmuş ve parçalara ayrılmış
- 1 su bardağı karamelize pancar, dilimlenmiş
- 1/4 su bardağı kavrulmuş ceviz veya ceviz, doğranmış
- Balsamik Sirke

TALİMATLAR:
a) Ördek göğüslerini tuz ve karabiberle tatlandırın.
b) Tavayı orta-yüksek ateşte ısıtın ve ördek göğüslerini derisi alta gelecek şekilde yerleştirin. Kabuğu altın kahverengi ve gevrek oluncaya kadar 6-8 dakika pişirin.
c) Ördek göğüslerini çevirin ve tercihinize göre orta-az pişmiş veya daha uzun süre 4-5 dakika daha pişirin.
ç) Ördek göğüslerini ince ince dilimlemeden önce birkaç dakika dinlendirin.
d) Büyük bir kapta karışık salata yeşilliklerini greyfurt dilimleri, karamelize pancar ve kızarmış ceviz veya cevizlerle karıştırın.
e) Dilimlenmiş ördek göğüslerini salatanın üzerine dizin.
f) Üzerine balzamik sos gezdirin ve isteğe bağlı olarak fazladan kızarmış fındıkla süsleyerek hemen servis yapın.

39.Rezene, Salatalık ve Greyfurt ile Deniz Tarağı

İÇİNDEKİLER:

- Taze tarak
- Tuz ve biber
- Zeytin yağı
- Rezene soğanı, ince traşlanmış
- İnce dilimlenmiş salatalık
- Greyfurt segmentleri
- Taze nane yaprakları
- Limon suyu
- Sızma zeytinyağı

TALİMATLAR:

a) Deniz taraklarını kağıt havluyla kurulayın ve tuz ve karabiberle tatlandırın.
b) Zeytinyağını bir tavada yüksek ateşte ısıtın.
c) Yağ ısındıktan sonra tarakları tavaya ekleyin ve her iki tarafı da altın rengi kahverengi olana ve iyice pişene kadar 1-2 dakika kızartın.
ç) Büyük bir kapta rendelenmiş rezeneyi, salatalık dilimlerini, greyfurt dilimlerini ve taze nane yapraklarını birleştirin.
d) Üzerine limon suyu ve sızma zeytinyağı gezdirin, tuz ve karabiberle tatlandırın.
e) Birleştirmek için salatayı yavaşça atın.
f) Kızarmış deniz taraklarını salatanın üzerine dizin.
g) İsterseniz ilave taze nane yapraklarıyla süsleyerek hemen servis yapın.

40.Greyfurt-Avokado Salsa ile Halibut Tacos

İÇİNDEKİLER:
- 4 adet halibut filetosu
- Tatmak için biber ve tuz
- 1 yemek kaşığı zeytinyağı
- 8 küçük mısır ekmeği, ısıtılmış
- 1 avokado, doğranmış
- 1 greyfurt, soyulmuş, parçalara ayrılmış ve doğranmış
- 1/4 su bardağı doğranmış kırmızı soğan
- 2 yemek kaşığı doğranmış taze kişniş
- 1 jalapeno, çekirdekleri çıkarılmış ve doğranmış
- 1 misket limonunun suyu

TALİMATLAR:
a) Halibut filetolarını tuz ve karabiberle tatlandırın.
b) Zeytinyağını bir tavada orta-yüksek ateşte ısıtın. Halibut filetolarını ekleyin ve her tarafı 3-4 dakika veya tamamen pişip altın rengi kahverengi olana kadar pişirin.
c) Halibut'u tavadan çıkarın ve lokma büyüklüğünde parçalara ayırmadan önce birkaç dakika dinlendirin.
ç) Salsayı hazırlamak için bir kasede doğranmış avokado, doğranmış greyfurt, kırmızı soğan, kişniş, jalapeno ve limon suyunu birleştirin. Tatmak için tuz ve karabiber ekleyin.
d) Tacoları birleştirmek için, pul pul halibut'u ısıtılmış tortillaların arasına bölün. Üstüne greyfurt-avokado salsasını ekleyin.
e) İsteğe bağlı olarak ilave kişniş veya limon suyuyla süsleyerek hemen servis yapın.

41. Greyfurt ve Karides

İÇİNDEKİLER:

- 1 kiloluk pişmiş karides
- 1 greyfurt, parçalara ayrılmış
- 1 avokado, doğranmış
- ¼ bardak doğranmış kırmızı soğan
- 2 yemek kaşığı doğranmış taze kişniş
- 2 yemek kaşığı zeytinyağı
- 2 yemek kaşığı limon suyu
- Tatmak için biber ve tuz

TALİMATLAR:

a) Büyük bir karıştırma kabında pişmiş karides, greyfurt dilimleri, doğranmış avokado, doğranmış kırmızı soğan ve doğranmış taze kişnişi birleştirin.
b) Sosu hazırlamak için ayrı bir kapta zeytinyağı, limon suyu, tuz ve karabiberi çırpın.
c) Sosu salataya ekleyin ve kaplayın.
ç) Derhal servis yapın.

YANLAR VE SALATALAR

42. Hurma ile Narenciye ve Radicchio Salatası

İÇİNDEKİLER:
- 2 kırmızı greyfurt
- 3 portakal
- 1 çay kaşığı şeker
- ½ çay kaşığı sofra tuzu
- 3 yemek kaşığı sızma zeytinyağı
- 1 küçük arpacık soğanı, kıyılmış
- 1 çay kaşığı Dijon hardalı
- 1 küçük baş turp (6 ons), yarıya bölünmüş, çekirdeği çıkarılmış ve ince dilimlenmiş
- ⅔ bardak doğranmış çekirdekleri çıkarılmış hurma, bölünmüş
- ½ bardak füme badem, doğranmış, bölünmüş

TALİMATLAR:

a) Greyfurt ve portakalların kabuklarını ve özlerini kesin. Her meyveyi yarım kutuptan direğe kesin, ardından ¼ inç kalınlığında çapraz olarak dilimleyin.

b) Kaseye aktarın, şeker ve tuzla karıştırın ve 15 dakika bekletin.

c) Meyveleri bir kasenin üzerine yerleştirilmiş ince gözenekli bir süzgeçte süzün ve 2 yemek kaşığı meyve suyunu saklayın. Meyveleri servis tabağına eşit bir şekilde dizin ve üzerine yağ gezdirin.

ç) Orta boy bir kapta ayrılmış narenciye suyunu, arpacık soğanını ve hardalı birlikte çırpın.

d) Radikçio, ⅓ fincan hurma ve ¼ fincan badem ekleyin ve kaplamak için hafifçe fırlatın. Tatmak için tuz ve karabiber ekleyin.

e) Radicchio karışımını meyvelerin üzerine yerleştirin ve kenarlarda 1 inçlik meyve kenarlığı bırakın.

f) Kalan ⅓ bardak hurma ve kalan ¼ bardak badem serpin. Sert.

43.Pembe Kırmızı Kadife Salata

İÇİNDEKİLER:
SALATA
- 4 bütün havuç
- ⅓ orta boy kırmızı soğan, şerit halinde kesilmiş
- 1 büyük pancar
- 1 pembe greyfurt, dilimlenmiş
- 1 avuç iri kıyılmış fıstık

SİRKE
- ½ su bardağı zeytinyağı
- ¼ bardak pirinç şarabı sirkesi
- 1 çay kaşığı hardal
- 1 çay kaşığı akçaağaç şurubu
- 1-2 diş sarımsak, kıyılmış
- tatmak için biber ve tuz

TALİMATLAR:
a) Pancarlarınızı orta dilimler halinde dilimleyin ve bir tencereye koyun. Mikrodalgaya uygun kap, kapak ve çatal yumuşayana kadar mikro.
b) Bir havuç soyucu kullanarak, çekirdeğe ulaşana ve artık tıraş edemeyene kadar her havuçtan uzun şeritler kesin. Çekirdekleri daha sonra yemek için saklayın.
c) fıstık hariç tüm salata malzemelerinizi koyun .
ç) Başka bir kaseye tüm sos malzemelerini koyun ve emülsifiye olana kadar çırpın.
d) Salatayı servis etmeye hazır olduğunuzda üzerini kaplayacak kadar sosla doldurun ve geri kalanını yarınki salataya ayırın.
e) Üzerine antep fıstığı serpin ve hazırsınız.

44.Kış Greyfurt Meyve Salatası

İÇİNDEKİLER:
- 2 greyfurt, soyulmuş ve parçalara ayrılmış
- 2 portakal, soyulmuş ve dilimlere ayrılmış
- 1 nar, çekirdekleri çıkarılmış
- Süslemek için nane yaprakları

TALİMATLAR:
a) Büyük bir kapta greyfurt dilimlerini, portakal dilimlerini ve nar tanelerini birleştirin.
b) Karıştırmak için yavaşça karıştırın.
c) Taze nane yapraklarıyla süsleyin.
ç) Serinletici ve renkli bir kış meyvesi salatası olarak hemen servis yapın.

45.Greyfurt, pancar ve mavi peynir salatası

İÇİNDEKİLER:
- ½ demet Su teresi; kaba saplar atılır
- 1 Greyfurt
- 1 ons Mavi peynir; küçük ince dilimler halinde kesin
- 2 adet soyulmuş, iri rendelenmiş pişmiş pancar
- 4 çay kaşığı sızma zeytinyağı
- 1 yemek kaşığı Balzamik sirke
- Tadına göre kaba tuz
- Tadına göre iri öğütülmüş biber

TALİMATLAR:

a) Su teresini 2 salata tabağına paylaştırın ve üzerine greyfurt dilimlerini ve peyniri dekoratif olarak dizin.

b) Küçük bir kapta pancarları, 2 çay kaşığı yağı ve sirkeyi bir araya getirin ve salatalar arasında paylaştırın.

c) Salataları kalan yağla gezdirin ve tuz ve karabiberle tatlandırın.

46. Katmanlı Taze Meyve Salatası

İÇİNDEKİLER:
- ½ çay kaşığı rendelenmiş portakal kabuğu rendesi
- ⅔ bardak portakal suyu
- ½ çay kaşığı rendelenmiş limon kabuğu rendesi
- ⅓ bardak limon suyu
- ⅓ su bardağı paketlenmiş açık kahverengi şeker
- 1 tarçın çubuğu

MEYVE SALATASI:
- 2 su bardağı küp şeklinde taze ananas
- 2 su bardağı dilimlenmiş taze çilek
- 2 orta boy kivi, soyulmuş ve dilimlenmiş
- 3 orta boy muz, dilimlenmiş
- 2 orta boy portakal, soyulmuş ve dilimlenmiş
- 1 orta boy kırmızı greyfurt, soyulmuş ve dilimlenmiş
- 1 su bardağı çekirdeksiz kırmızı üzüm

TALİMATLAR:
a) İlk 6 malzemeyi bir tencerede kaynatın. Daha sonra ateşi kısın ve kapağını kapatmadan 5 dakika pişirin.
b) Tamamen soğumaya bırakın ve tarçın çubuğunu atın.
c) Büyük bir cam kasede meyve katmanlarını hazırlayın. Üzerine meyve suyu karışımını yayın.
ç) Daha sonra üzerini kapatıp buzdolabında birkaç saat bekletin.

47.Nar Çekirdekli Greyfurt Salatası

İÇİNDEKİLER:
- Karışık yeşillikler
- 1 greyfurt, soyulmuş ve parçalara ayrılmış
- Nar taneleri
- Keçi peyniri, ufalanmış
- Kavrulmuş çam fıstığı veya badem
- Balsamik salata sosu veya narenciye sosu

TALİMATLAR:
a) Karışık salata yeşilliklerini servis tabağına veya tek tek tabaklara yerleştirin.
b) Üstüne greyfurt dilimleri, nar taneleri, ufalanmış keçi peyniri ve kızarmış çam fıstığı veya badem ekleyin.
c) Balzamik sirke veya narenciye sosunu gezdirin.
ç) Renkli ve lezzetli bir salata seçeneği olarak hemen servis yapın.

48.Greyfurt, Avokado ve Prosciutto Salatası

İÇİNDEKİLER:

- 1 küçük yakut kırmızısı greyfurt
- 2 su bardağı doğranmış derisiz, kemiksiz et lokantası tavuk göğsü
- ¾ çay kaşığı koyu susam yağı
- ⅛ çay kaşığı taze çekilmiş karabiber
- Bir tutam koşer tuzu
- 1 su bardağı mikro yeşillik, körpe roka veya yırtık marul
- ½ olgun soyulmuş avokado, ince dilimlenmiş
- ¾ bardak taze ananas parçaları
- ½ bardak doğranmış Granny Smith elması
- ¼ bardak havuç
- ¼ bardak Edamame
- 1 çok ince dilim prosciutto
- kalan Humus
- 3 yemek kaşığı kıyılmış kavrulmuş fındık
- çok tohumlu kraker

TALİMATLAR:

a) Greyfurtun kabuğunu soyun; Orta boy bir kasenin üzerine greyfurttan parçalar kesin. Yaklaşık 1 çorba kaşığı meyve suyu çıkarmak için zarları sıkın.

b) Bölümleri bir kenara koyun. Çırpma teli ile karıştırarak meyve suyuna yağ, karabiber ve tuz ekleyin. Yeşiller ekleyin; ceketine fırlat.

c) Yeşillikleri bir tabağa dizin; üstüne greyfurt dilimleri, avokado, ananas, edamame, havuç ve prosciutto ekleyin.

ç) Humus , fındık ve çok tohumlu krakerlerle servis yapın .

49. Kırmızı Lahana Greyfurt Salatası

İÇİNDEKİLER:
- 4 su bardağı ince dilimlenmiş kırmızı lahana
- 2 su bardağı dilimlenmiş greyfurt
- 3 yemek kaşığı kurutulmuş kızılcık
- 2 yemek kaşığı kabak çekirdeği

TALİMATLAR:
a) Salata malzemelerini geniş bir karıştırma kabına alıp karıştırın.

50. Havuç ve Füme Somon Salatası

İÇİNDEKİLER:
- Yeşilliklerle birlikte 2 kilo havuç, bölünmüş, ¼ bardak doğranmış yeşillik
- 5 yemek kaşığı elma sirkesi, bölünmüş
- 1 yemek kaşığı şeker
- ⅛ çay kaşığı artı ¾ çay kaşığı sofra tuzu bölünmüş
- ¼ bardak sızma zeytinyağı, bölünmüş
- ¼ çay kaşığı biber
- 1 kırmızı greyfurt
- 2 yemek kaşığı doğranmış taze dereotu
- 2 çay kaşığı Dijon hardalı
- 2 kafa Belçika hindiba (her biri 4 ons), yarıya bölünmüş, çekirdeği çıkarılmış ve ½ inç kalınlığında dilimlenmiş
- 8 ons füme somon

TALİMATLAR:

a) Fırın rafını en düşük konuma ayarlayın ve fırını 450 dereceye ısıtın. 4 ons havucu bir sebze soyucuyla soyun ve ince şeritler halinde tıraş edin; bir kenara koyun. Kalan havuçları ¼ inç kalınlığında soyun ve dilimleyin; bir kenara koyun.

b) Mikrodalgada ¼ bardak sirke, şeker ve ⅛ çay kaşığı tuzu bir kasede 1 ila 2 dakika kaynayana kadar ısıtın. Rendelenmiş havuçları ilave edin ve ara sıra karıştırarak 45 dakika bekletin. (Süzülmüş havuç turşusu 5 güne kadar buzdolabında saklanabilir.)

c) Dilimlenmiş havuçları 1 çorba kaşığı yağ, karabiber ve ½ çay kaşığı tuzla bir kaseye atın, ardından kenarlı bir fırın tepsisine tek bir kat halinde kesilmiş tarafı aşağı gelecek şekilde yayın. Yumuşayana ve altları iyice kızarana kadar 15 ila 25 dakika kadar kızartın. Yaklaşık 15 dakika kadar hafifçe soğumaya bırakın.

ç) Bu arada greyfurtun kabuğunu ve özünü kesin. Çeyrek greyfurt, ardından ¼ inç kalınlığında parçalar halinde çapraz olarak dilimleyin.

d) Dereotu, hardalı, kalan 1 yemek kaşığı sirkeyi ve kalan ¼ çay kaşığı tuzu geniş bir kapta birlikte çırpın. Sürekli çırparak, kalan 3 yemek kaşığı yağı emülsifiye olana kadar yavaşça gezdirin. Hindiba, havuç yeşillikleri, kavrulmuş havuç, havuç turşusu ve greyfurt ekleyin ve birleştirin; tatmak için tuz ve karabiber ekleyin. Servis tabağının kenarına somon balığını dizin, ardından salatayı tabağın ortasına aktarın. Sert.

51. Acı Yeşiller, Greyfurt ve Avokado Salatası

İÇİNDEKİLER:
- Karışık acı yeşillikler (roka, hindiba, radikchio gibi)
- 1 greyfurt, soyulmuş ve parçalara ayrılmış
- 1 avokado, dilimlenmiş
- Kırmızı soğan, ince dilimlenmiş
- Kavrulmuş ceviz veya fındık
- Balsamik salata sosu veya narenciye sosu

TALİMATLAR:
a) Büyük bir kapta karışık acı yeşillikleri, greyfurt dilimlerini, avokado dilimlerini, ince dilimlenmiş kırmızı soğanı ve kavrulmuş ceviz veya cevizleri birleştirin.
b) Balzamik sirke veya narenciye sosunu gezdirin.
c) Tüm malzemeleri kaplamak için yavaşça atın.
ç) Serinletici ve canlı bir salata olarak hemen servis yapın.

52.Su Teresi, Pembe Greyfurt ve Ceviz Salatası

İÇİNDEKİLER:
- Su teresi
- Pembe greyfurt parçaları
- Kızarmış ceviz
- Kırmızı soğan, ince dilimlenmiş
- Balsamik Sirke

TALİMATLAR:
a) Büyük bir kapta su teresi, pembe greyfurt dilimleri, kızarmış ceviz ve ince dilimlenmiş kırmızı soğanı birleştirin.
b) Balzamik sosla gezdirin.
c) Tüm malzemeleri kaplamak için yavaşça atın.
ç) Serinletici ve lezzetli bir salata seçeneği olarak hemen servis yapın.

53. Greyfurt ve Avokado Salatası

İÇİNDEKİLER:
- 1 greyfurt, parçalara ayrılmış
- 1 avokado, dilimlenmiş
- 2 su bardağı karışık yeşillik
- ¼ bardak dilimlenmiş kırmızı soğan
- 2 yemek kaşığı zeytinyağı
- 1 yemek kaşığı bal
- 1 yemek kaşığı beyaz şarap sirkesi
- Tatmak için biber ve tuz

TALİMATLAR:
a) Büyük bir karıştırma kabında karışık yeşillikleri ve kırmızı soğanı birleştirin.
b) Sosu hazırlamak için ayrı bir kapta zeytinyağı, bal, beyaz şarap sirkesi, tuz ve karabiberi çırpın.
c) Greyfurt dilimlerini ve avokado dilimlerini karışık yeşillikler ve kırmızı soğanla birlikte karıştırma kabına ekleyin.
ç) Üzerine pansumanı gezdirin ve her şeyi bir araya atın.
d) Derhal servis yapın.

54.Greyfurt, Somon ve Avokado Salatası

İÇİNDEKİLER:

- 1 greyfurt, soyulmuş ve parçalara ayrılmış
- 4 su bardağı karışık salata yeşillikleri
- 1 avokado, dilimlenmiş
- 8 ons füme somon, kuşbaşı
- 1/4 bardak dilimlenmiş kırmızı soğan
- 2 yemek kaşığı doğranmış taze dereotu
- 2 yemek kaşığı zeytinyağı
- 1 yemek kaşığı limon suyu
- Tatmak için biber ve tuz

TALİMATLAR:

a) Büyük bir kapta salata yeşilliklerini, greyfurt dilimlerini, avokado dilimlerini, füme somonu, kırmızı soğanı ve dereotunu birleştirin.
b) Sosu hazırlamak için küçük bir kapta zeytinyağı ve limon suyunu çırpın. Tuz ve karabiberle tatlandırın.
c) Sosu salatanın üzerine gezdirin ve hafifçe kaplayın.
ç) İstenirse ilave dereotu ile süslenerek hemen servis yapın.

55.Greyfurt ve Sirkeyle Kavrulmuş Pancar

İÇİNDEKİLER:
- 4 orta boy pancar, soyulmuş ve dilimlenmiş
- 1 greyfurt, soyulmuş ve parçalara ayrılmış
- 2 yemek kaşığı zeytinyağı
- 2 yemek kaşığı balzamik sirke
- Tatmak için biber ve tuz

MEKSİKA USULÜ YEŞİL DOMATES SOSU:
- 1/4 bardak doğranmış taze maydanoz
- 2 yemek kaşığı doğranmış taze kişniş
- 2 yemek kaşığı doğranmış taze nane
- 1 yemek kaşığı kapari, süzülmüş ve doğranmış
- 1 diş sarımsak, kıyılmış
- 2 yemek kaşığı kırmızı şarap sirkesi
- 1/4 su bardağı zeytinyağı
- Tatmak için biber ve tuz

TALİMATLAR:
a) Fırını 200°C'ye (400°F) önceden ısıtın.
b) Büyük bir kapta dilimlenmiş pancarları zeytinyağı, balzamik sirke, tuz ve karabiberle karıştırın.
c) Pancarları bir fırın tepsisine tek kat halinde yayın.
ç) Önceden ısıtılmış fırında 25-30 dakika veya yumuşayana ve karamelize olana kadar yarıya kadar karıştırarak kızartın.
d) Pancarlar kavrulurken salsa verde'nin tüm malzemelerini bir kapta birleştirerek salsa verde'yi hazırlayın. Tatmak için tuz ve karabiber ekleyin.
e) Kavrulmuş pancarları ve greyfurt dilimlerini servis tabağına dizin.
f) Üzerine salsa verde serpin ve ılık veya oda sıcaklığında servis yapın.

TATLI

56.Greyfurt turtası

İÇİNDEKİLER:

- 1 porsiyon pişmemiş Ritz Crunch
- 1 porsiyon Greyfurt Tutku Lor
- 1 porsiyon Şekerli Yoğunlaştırılmış Greyfurt

TALİMATLAR:

a) Fırını 275°F'ye ısıtın.
b) Ritz çıtırını 10 inçlik bir pasta kalıbına bastırın. Parmaklarınızı ve avuç içlerinizi kullanarak, tabanı ve yanları eşit ve tamamen kapladığından emin olarak çıtırı sıkıca bastırın.
c) Kalıbı bir fırın tepsisine koyun ve 20 dakika pişirin. Ritz kabuğu, başladığınız çıtırlığa göre biraz daha altın kahverengi ve biraz daha derin tereyağ kıvamında olmalıdır.
ç) Kabuğu tamamen soğutun; plastiğe sarılı kabuk 2 haftaya kadar dondurulabilir.
d) Bir kaşık veya spatula kullanarak greyfurt püresini Ritz kabuğunun tabanına eşit şekilde yayın. Loru sertleşinceye kadar yaklaşık 30 dakika ayarlamak için pastayı dondurucuya koyun.
e) Bir kaşık veya bir spatula kullanarak, tatlandırılmış yoğunlaştırılmış greyfurtu lorun üzerine yayın, iki katmanı karıştırmamaya dikkat edin ve lorun tamamen kaplandığından emin olun. Dilimleyip servis yapmaya hazır olana kadar dondurucuya geri koyun.

57.Portakallı Brezilya fındıklı tart

İÇİNDEKİLER:

- 3 Yumurtalar, ayrılmış
- ¾ bardak Toz şeker
- 1 portakalın rendelenmiş kabuğu
- 1 çay kaşığı Vanilya özü
- 2 bardak İnce öğütülmüş Brezilya fıstığı
- 1½ yemek kaşığı Çok amaçlı un
- ¼ çay kaşığı Tuz
- Garnitür:
- 2 greyfurt
- 2 Portakal
- 4 büyük Yumurta beyazı
- 1¼ bardak Toz şeker

TALİMATLAR:

a) Fırını 350 dereceye kadar önceden ısıtın. 10 inçlik yuvarlak kek kalıbını parşömen kağıdı, tereyağı ve unla kaplayın.

b) Bir kapta yumurta sarılarını ve şekeri açık sarı olana kadar çırpın. Portakal kabuğu rendesini ve vanilyayı ekleyin, hafif ve kabarık olana kadar çırpın ve bir kenara koyun.

c) Bir kasede 1 bardak Brezilya fıstığını unla birleştirin ve bir kenara koyun. Kalan fındıkları süslemek için ayırın.

ç) Başka bir kapta yumurta aklarını köpürene kadar çırpın. Tuz serpin ve yumuşak tepeler oluşana kadar çırpmaya devam edin. Birleştirilene kadar fındık ve un karışımını ve çırpılmış yumurta sarısı karışımını dönüşümlü olarak katlayın. Hazırlanan tavaya dökün.

d) 25 ila 30 dakika veya hafifçe kızarıncaya kadar pişirin. Yaklaşık 10 dakika boyunca soğuması için bir rafa koyun. Gevşetmek ve bir tabağa ters çevirmek için kenar boyunca bir bıçak gezdirin. Parşömeni çıkarın ve tamamen soğumaya bırakın.

e) Bu arada fırını 300 dereceye ısıtın. Pastayı parşömen kağıdıyla kaplı bir fırın tepsisine yerleştirin.

f) Meyve sularını toplamak için bir kase üzerinde çalışın, greyfurtları ve portakalları soyun ve bölümleri çıkarmak için zarların arasından kesin. Tohumları çıkarın. Bölümleri pastanın üzerine dizin. Suyunu süzgeçten geçirip kekin üzerine gezdirin.

g) Bir kapta yumurta aklarını köpürene kadar çırpın. Yavaş yavaş şekeri ekleyin, sert zirveler oluşuncaya kadar yaklaşık 10 dakika çırpın. Ayrılmış 1 fincan öğütülmüş Brezilya fıstığını yavaşça katlayın.

ğ) Kremayı kekin üzerine eşit şekilde yayın ve yarım saat pişirin. Bir raf üzerinde soğutun ve servis yapın.

58.Greyfurt Granitalı Narenciye Kompostosu

İÇİNDEKİLER:
- 2 küçük greyfurt
- 1 ½ bardak yakut kırmızısı greyfurt suyu
- ⅓ bardak nar taneleri
- ½ bardak su
- ½ su bardağı hindistan cevizi şekeri
- 2 adet küçük göbekli portakal
- 2 mandalina

TALİMATLAR:
a) Küçük bir tavada su ve akçaağaç şurubunu kaynatın ve karıştırın.
b) Bir kenara koyun ve birkaç dakika soğumaya bırakın.
c) Greyfurt suyunu ekleyin ve iyice karıştırın. 8 inçlik kare bir tabağa aktarın ve 1 saat boyunca dondurun.
ç) Çatalla karıştırın ve tamamen donuncaya kadar 2-3 saat daha dondurun. Her 30 dakikada bir karıştırın.
d) Her portakalın üstten ve alttan kesilmiş ince bir dilimi olmalıdır. Bir bıçak kullanarak portakalların kabuğunu ve dış katmanını çıkarın.
e) Portakal ve greyfurta soyulmuş ve dilimlenmiş klementinler eklenmelidir. Nar tanelerini yavaşça karıştırın.
f) Servis yaparken granitayı karıştırmak için bir çatal kullanın. Granita ve meyve karışımını dönüşümlü olarak altı tatlı tabağına katlayın.

59.Greyfurt köpüğü

İÇİNDEKİLER:

- 2 Yumurta sarısı
- ⅓ bardak Şeker
- 1 paket Aromasız jelatin
- 3 yemek kaşığı Cin
- 8 ons Greyfurt suyu
- 1 çay kaşığı rendelenmiş greyfurt kabuğu
- 1 bardak Ekşi krema
- 2 su bardağı krem şanti
- 3 yemek kaşığı Şeker
- 2 Yumurta beyazı
- 2 su bardağı dilimlenmiş taze çilek
- Garnitür için bütün çilekler

TALİMATLAR:

a) Yumurta sarılarını ve 1/3 su bardağı şekeri paslanmaz çelik bir kapta, sıcak su banyosunda veya benmari tenceresinin üst yarısında renkleri açılıp kabarık hale gelinceye kadar (yaklaşık 2 dakika) çırpın. Yumurtalı karışıma cin içinde yumuşatılmış jelatini ekleyip 2 dakika daha çırpmaya devam edin. Ateşten alıp greyfurt suyunu, kabuğunu ve ekşi kremayı ekleyin. İyice karıştırın. 10 dakika buzdolabında bekletin. Bu arada kremayı 3 yemek kaşığı şekerle çırpın. Yumurta aklarını sert zirveler oluşana kadar çırpın.

b) Çırpılmış kremanın ½'sini (½'sini süslemek için ayırın) soğutulmuş jelatin karışımına katlayın. İyice karıştırın. Yumurta aklarını katlayın. 4-6 saat soğutun. Parfe bardaklarında, köpüğü dilimlenmiş çilek katmanlarıyla değiştirerek servis yapın.

c) Kalan çırpılmış krema ve bütün çilekleri üstüne ekleyin.

60.Tutti frutti önemsememek

İÇİNDEKİLER:

- ½ Greyfurt
- 1 Portakal
- 1 su bardağı taze ananas
- 6 Marshmallow
- 6 Maraschino kirazı
- ½ su bardağı nemli rendelenmiş hindistan cevizi
- 2 yemek kaşığı Maraschino suyu
- 3 Yumurta beyazı
- 6 yemek kaşığı Şekerleme şekeri

TALİMATLAR:

a) Greyfurt ve portakalın zarlarını çıkarın, ananası dilimleyin ve marshmallow ve kirazları sekize bölün.
b) Marshmallow ve hindistan cevizini birleştirilmiş meyve sularına batırın.
c) Yumurta aklarını sertleşinceye kadar çırpın ve şekeri ekleyin.
ç) Meyveler ve hindistancevizi hatmi karışımıyla birleştirin. Sertleşinceye kadar buzdolabı tepsisinde dondurun.

61. Greyfurt Şerbeti

İÇİNDEKİLER:

- 4 greyfurt
- 3 yemek kaşığı taze limon suyu
- ½ bardak hafif mısır şurubu
- ⅔ su bardağı şeker
- İsteğe bağlı aromatikler: Birkaç dal tarhun, fesleğen veya lavanta; veya ½ yarım vanilya çekirdeği bölünmüş; tohumlar kaldırıldı
- ¼ bardak votka

TALİMATLAR:

a) Hazırlanışı Bir soyucuyla 1 greyfurtun 3 kabuğunu çıkarın. Greyfurtların tamamını ikiye bölün ve 3 bardak suyunu sıkın.

b) Greyfurt suyu, kabuğu rendesi, limon suyu, mısır şurubu ve şekeri 4 litrelik bir tencerede birleştirin ve şekeri çözmek için karıştırarak kaynatın. Orta boy bir kaseye aktarın, kullanıyorsanız aromatikleri ekleyin ve soğumaya bırakın.

c) Soğutma Greyfurt kabuğunu çıkarın. Şerbet tabanını buzdolabına koyun ve en az 2 saat soğutun.

ç) Dondurun Şerbet bazını buzdolabından çıkarın ve aromatik maddeleri süzün. Votkayı ekleyin. Dondurulmuş kutuyu dondurucudan çıkarın, dondurma makinenizi monte edin ve açın. Şerbet tabanını kutuya dökün ve çok yumuşak çırpılmış krema kıvamına gelinceye kadar çevirin.

d) Şerbeti bir saklama kabına paketleyin. Bir parşömen tabakasını doğrudan yüzeye bastırın ve hava geçirmez bir kapakla kapatın. Dondurucunuzun en soğuk kısmında en az 4 saat sertleşinceye kadar dondurun.

62.Siyah ve Pembe Greyfurt Kurabiyeleri

İÇİNDEKİLER:

- 2 fincan çok amaçlı un
- 1/2 çay kaşığı kabartma tozu
- 1/4 çay kaşığı tuz
- 1/2 bardak tuzsuz tereyağı, yumuşatılmış
- 1 su bardağı toz şeker
- 1 pembe greyfurtun kabuğu rendesi
- 2 yemek kaşığı pembe greyfurt suyu
- 1 yumurta
- Pembe gıda boyası (isteğe bağlı)
- Toz alma için şekerleme şekeri (isteğe bağlı)

TALİMATLAR:

a) Fırını önceden 350°F'ye (175°C) ısıtın. Fırın tepsilerini parşömen kağıdıyla hizalayın.

b) Orta boy bir kapta un, kabartma tozu ve tuzu birlikte çırpın.

c) Büyük bir kapta yumuşatılmış tereyağını ve toz şekeri hafif ve kabarık olana kadar krema haline getirin.

ç) Greyfurt kabuğu rendesini, greyfurt suyunu, yumurtayı ve pembe gıda boyasını (kullanıyorsanız) iyice birleşene kadar çırpın.

d) Un karışımını yavaş yavaş ıslak malzemelere ekleyin ve bir hamur oluşana kadar karıştırın.

e) Hamurdan yemek kaşığı büyüklüğünde parçalar yuvarlayın ve hazırlanan fırın tepsilerine aralarında 2 inç boşluk olacak şekilde yerleştirin.

f) Her hamur topunu yavaşça düzleştirmek için bir bardağın altını kullanın.

g) Önceden ısıtılmış fırında 10-12 dakika veya kenarları hafif altın rengi oluncaya kadar pişirin.

ğ) Fırından çıkarın ve kurabiyeleri fırın tepsisinde 5 dakika soğumaya bırakın, ardından tamamen soğumaları için tel raflara aktarın.

h) Servis yapmadan önce istenirse şekerleme şekeri serpin.

63. Greyfurtlu Ballı Zabaglione

İÇİNDEKİLER:
- 4 büyük yumurta sarısı
- 1/4 bardak bal
- 1/4 bardak tatlı Marsala şarabı
- 1 çay kaşığı vanilya özü
- 2 bardak taze greyfurt dilimleri

TALİMATLAR:
a) Isıya dayanıklı bir kapta yumurta sarısını, balı, Marsala şarabını ve vanilya özünü birlikte çırpın.
b) Kaseyi kaynayan su dolu bir tencerenin üzerine yerleştirin, kasenin tabanının suya değmemesine dikkat edin.
c) Karışımı koyulaşıncaya ve yumuşak zirveler oluşana kadar yaklaşık 5-7 dakika boyunca sürekli çırpın.
ç) Kaseyi ocaktan alın ve hafifçe soğuması için bir dakika daha çırpmaya devam edin.
d) Greyfurt dilimlerini servis tabaklarına paylaştırın ve üzerine ballı zabaglioneyi kaşıkla dökün.
e) İsteğe bağlı olarak nane yaprakları veya bir tutam pudra şekeri ile süsleyerek hemen servis yapın.

64. haşlanmış greyfurt

İÇİNDEKİLER:
- Greyfurt yarımları
- Esmer şeker veya bal
- Öğütülmüş tarçın

TALİMATLAR:
a) Broileri fırında önceden ısıtın.
b) Greyfurtu ikiye bölün ve yarımları bir fırın tepsisine, kesik tarafı yukarı bakacak şekilde yerleştirin.
c) Greyfurtun her yarısına esmer şeker serpin veya üzerine bal gezdirin.
ç) Bir tutam öğütülmüş tarçın serpin.
d) Fırın tepsisini ızgaranın altına 3-5 dakika veya şeker karamelize olup kabarcıklanıncaya kadar yerleştirin.
e) Fırından çıkarın ve servis yapmadan önce biraz soğumasını bekleyin.

65.Antep Fıstıklı Greyfurt

İÇİNDEKİLER:
- 2 greyfurt, soyulmuş ve parçalara ayrılmış
- 1/4 su bardağı kıyılmış antep fıstığı
- Üzerine serpmek için bal (isteğe bağlı)

TALİMATLAR:
a) Greyfurt dilimlerini servis tabağına dizin.
b) Kıyılmış antep fıstıklarını greyfurtun üzerine serpin.
c) İstenirse bal gezdirilir.
ç) Serinletici bir atıştırmalık veya hafif bir tatlı olarak hemen servis yapın.

66.Ricotta ve Kakule Ballı Greyfurt

İÇİNDEKİLER:

- 2 greyfurt, soyulmuş ve parçalara ayrılmış
- 1 su bardağı ricotta peyniri
- 2 yemek kaşığı bal
- 1/2 çay kaşığı öğütülmüş kakule
- Kıyılmış fıstık veya badem (isteğe bağlı, garnitür için)

TALİMATLAR:

a) Greyfurt dilimlerini servis tabağına dizin.
b) Küçük bir kapta ricotta peynirini bal ve öğütülmüş kakule ile karıştırın.
c) Tatlandırılmış ricotta karışımını greyfurt dilimlerinin üzerine kaşıkla dökün.
ç) İstenirse kıyılmış fıstık veya bademle süsleyin.
d) Hafif ve canlandırıcı bir tatlı veya kahvaltı olarak hemen servis yapın.

67.Greyfurt Gelèe ile Fesleğen-Yoğurt Panna Cotta

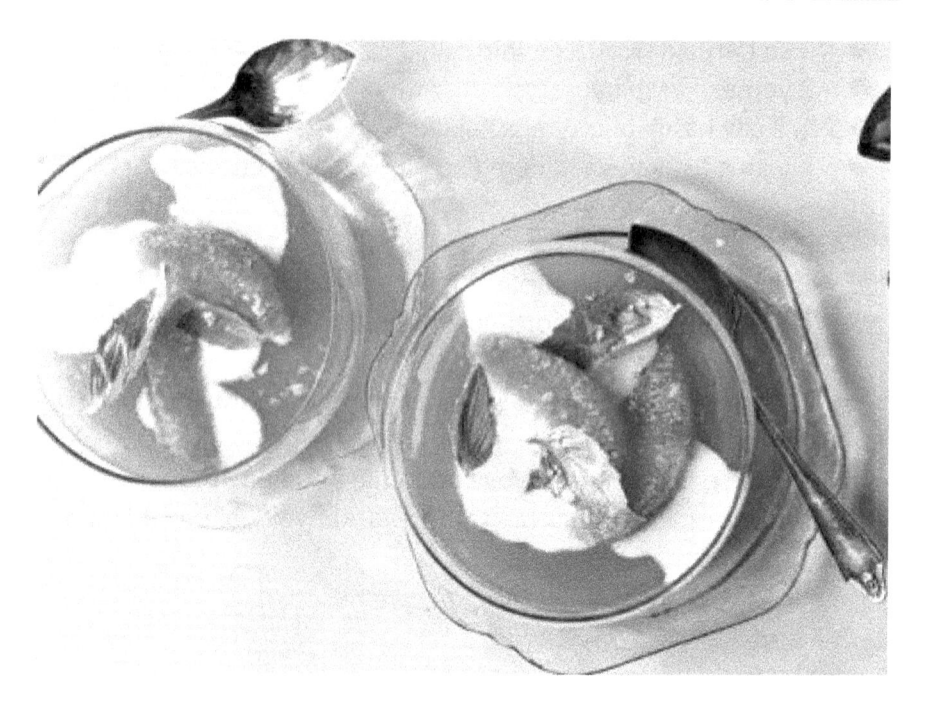

İÇİNDEKİLER:

- 1 zarf (1/4 ons) aromasız jelatin
- 2 yemek kaşığı soğuk su
- 1 bardak ağır krema
- 1/2 su bardağı toz şeker
- 1 bardak sade Yunan yoğurdu
- 1 çay kaşığı vanilya özü
- 2 yemek kaşığı doğranmış taze fesleğen yaprağı
- 1 greyfurt, soyulmuş ve parçalara ayrılmış
- 1/4 bardak greyfurt suyu
- 2 yemek kaşığı bal

TALİMATLAR:

a) Küçük bir kapta jelatini soğuk suyun üzerine serpin ve yumuşaması için 5 dakika bekletin.
b) Bir tencerede, ağır kremayı ve şekeri orta ateşte, şeker eriyene ve karışım sıcak fakat kaynamayacak hale gelinceye kadar ısıtın.
c) Tencereyi ocaktan alın ve yumuşatılmış jelatini tamamen eriyene kadar karıştırın.
ç) Ayrı bir kapta Yunan yoğurdu, vanilya özü ve doğranmış fesleğen yapraklarını birlikte çırpın.
d) Sıcak krema karışımını yavaş yavaş yoğurt karışımına pürüzsüz hale gelinceye kadar çırpın.
e) Karışımı servis bardaklarına veya kalıplara paylaştırın ve en az 4 saat veya soğuyana kadar buzdolabında saklayın.
f) Bir blenderde greyfurt dilimlerini greyfurt suyu ve bal ile pürüzsüz hale gelinceye kadar püre haline getirin.
g) Greyfurt jelini set panna cotta'nın üzerine dökün ve soğuması için bir saat daha buzdolabında saklayın.
ğ) İsteğe göre taze fesleğen yapraklarıyla süsleyerek, soğuk olarak servis yapın.

68.Izgara portakallı yumurta muhallebi

İÇİNDEKİLER:
- 1 Portakal veya Greyfurt
- 1 büyük yumurta
- 2 yemek kaşığı süt
- Tatmak için şeker ve tarçın

TALİMATLAR:
a) Yumurta aklarını bir tabakta süt, şeker ve tarçınla birlikte çatalla yavaşça çırpın, ancak fazla karıştırmayın.
b) Yumurta karışımını turuncu bardağa yerleştirin ve Köz ızgarasının üzerine yerleştirin.

69.Greyfurt ve Keçi Peynirli Tartletler

İÇİNDEKİLER:
- 1 paket mini tartlet kabuğu
- 4 ons keçi peyniri
- 1 greyfurt, parçalara ayrılmış
- 2 yemek kaşığı bal
- 1 yemek kaşığı doğranmış taze kekik

TALİMATLAR:
a) Fırını 350°F'ye (175°C) önceden ısıtın.
b) Mini tartlet kabuklarını fırın tepsisine yerleştirin.
c) Her tartlet kabuğunu küçük bir kaşık dolusu keçi peyniri ile doldurun.
ç) Her tartletin üzerine bir greyfurt dilimi koyun.
d) Her tartletin üstüne bal gezdirin.
e) Taze kekik serpin.
f) 5-7 dakika veya keçi peyniri hafifçe eriyene kadar pişirin.
g) Derhal servis yapın.

70. Zencefilli Minyatür Greyfurt Suflesi

İÇİNDEKİLER:

- Ramekinleri yağlamak için tereyağı
- Ramekinleri kaplamak için toz şeker
- 3 büyük yumurta, ayrılmış
- 1/4 su bardağı toz şeker
- 1/4 bardak taze sıkılmış greyfurt suyu
- 1 çay kaşığı greyfurt kabuğu rendesi
- 1 çay kaşığı ince rendelenmiş taze zencefil
- Üzerine serpmek için pudra şekeri

TALİMATLAR:

a) Fırını önceden 375°F'ye (190°C) ısıtın. Kalıpları tereyağıyla yağlayın ve toz şekerle kaplayın, fazlalıkları alın.

b) Büyük bir kapta yumurta sarılarını 1/4 su bardağı toz şekerle rengi açılıp koyulaşana kadar çırpın.

71. Greyfurt Şerbeti

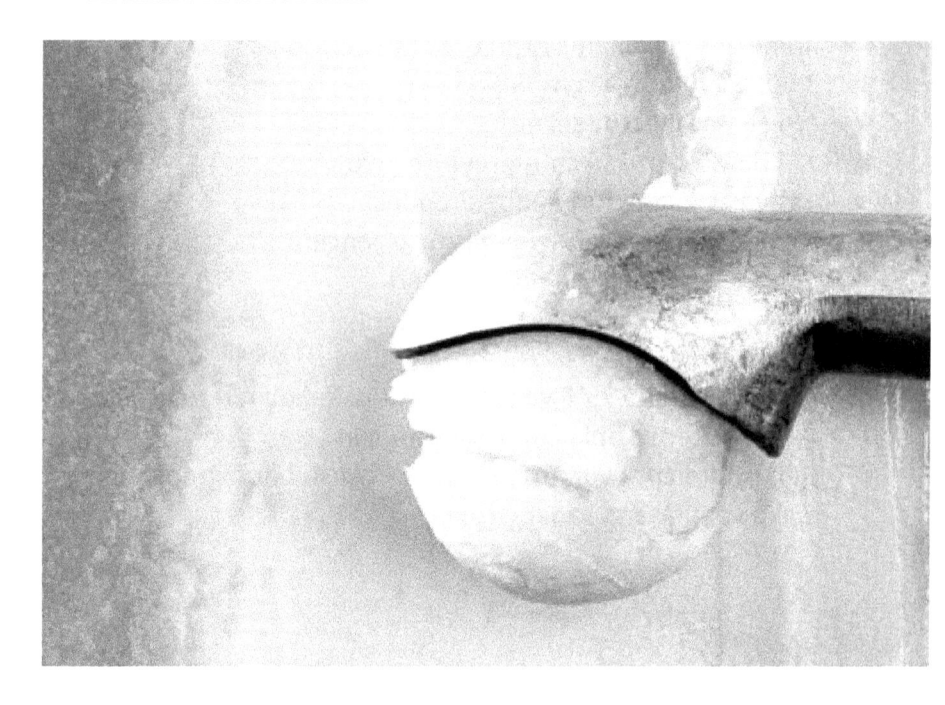

İÇİNDEKİLER:
- 2 su bardağı taze sıkılmış greyfurt suyu (süzülmüş)
- 1/2 su bardağı toz şeker
- 1/4 su bardağı su
- 2 yemek kaşığı Campari veya Aperol (isteğe bağlı)

TALİMATLAR:
a) Küçük bir tencerede şekeri ve suyu birleştirin. Basit bir şurup yapmak için şeker tamamen eriyene kadar karıştırarak orta ateşte ısıtın. Isıdan çıkarın ve soğumaya bırakın.
b) Büyük bir kapta greyfurt suyunu soğutulmuş basit şurup ve Campari veya Aperol (kullanılıyorsa) ile karıştırın.
c) Karışımı bir dondurma makinesine dökün ve üreticinin talimatlarına göre sorbe kıvamına gelinceye kadar çalkalayın.
ç) Şerbeti dondurucuya uygun bir kaba aktarın ve en az 4 saat veya sertleşinceye kadar dondurun.
d) Şerbet kepçelerini soğutulmuş kaselerde veya bardaklarda servis edin.

72.Greyfurt Lorlu Kurabiye Sandviçler

İÇİNDEKİLER:
KURABİYE İÇİN:
- 1 su bardağı tuzsuz tereyağı, yumuşatılmış
- 1/2 su bardağı pudra şekeri
- 2 fincan çok amaçlı un
- 1/4 çay kaşığı tuz
- 1 yemek kaşığı yasemin çayı yaprakları (ince öğütülmüş)

Greyfurt Loru İçin:
- 3 büyük yumurta
- 3/4 su bardağı toz şeker
- 1/2 su bardağı taze sıkılmış greyfurt suyu
- 1 greyfurtun kabuğu rendesi
- 1/2 bardak tuzsuz tereyağı, küçük parçalar halinde kesilmiş

TALİMATLAR:
a) Fırını önceden 350°F'ye (175°C) ısıtın ve fırın tepsilerini parşömen kağıdıyla kaplayın.
b) Büyük bir karıştırma kabında yumuşatılmış tereyağını ve pudra şekerini hafif ve kabarık olana kadar krema haline getirin.
c) Unu, tuzu ve öğütülmüş yasemin çayı yapraklarını kaseye ekleyin ve hamur oluşana kadar karıştırın.
ç) Hamuru unlanmış bir yüzeyde yaklaşık 1/4 inç kalınlığa kadar açın. Şekilleri kesmek ve hazırlanan fırın tepsilerine yerleştirmek için çerez kesicileri kullanın.
d) Önceden ısıtılmış fırında 10-12 dakika veya kenarları hafif altın rengi oluncaya kadar pişirin.
e) Fırından çıkarın ve kurabiyeleri tel rafların üzerinde tamamen soğumaya bırakın.
f) Bu arada greyfurt lorunu hazırlayın. Isıya dayanıklı bir kapta yumurtaları, toz şekeri, greyfurt suyunu ve greyfurt kabuğu rendesini birlikte çırpın.
g) Kaseyi kaynayan su dolu bir tencerenin (çift kazan) üzerine yerleştirin ve karışım bir kaşığın arkasını kaplayacak kadar koyulaşana kadar sürekli karıştırarak pişirin.
ğ) Kaseyi ocaktan alın ve pürüzsüz ve iyice birleşene kadar yavaş yavaş tereyağında çırpın.

h) Greyfurt loru oda sıcaklığına soğumaya bırakın.
ı) Kurabiyeler ve lor tamamen soğuduktan sonra, bir kurabiyenin alt kısmına bir kat greyfurt lor sürün ve üstüne başka bir kurabiyeyle sandviç yapın.
i) Kalan kurabiyeler ve lor ile tekrarlayın.
j) Servis yapmadan önce sandviçlerin üzerine pudra şekeri serpin.

73. Greyfurt Brûlée

İÇİNDEKİLER:
- 2 greyfurt
- 4 yemek kaşığı toz şeker
- Bir tutam tuz

TALİMATLAR:

a) Broileri fırında önceden ısıtın.
b) Greyfurtları ikiye bölün ve keskin bir bıçak kullanarak etli kısmını kabuktan ayırın.
c) Her greyfurt yarısının üzerine bir tutam tuz serpin.
ç) Her bir greyfurt yarısının üzerine bir çorba kaşığı toz şeker serpin ve eşit şekilde dağıtın.
d) Greyfurt yarımlarını bir fırın tepsisine yerleştirin ve üzerindeki şeker karamelize olup altın rengi kahverengiye dönene kadar yaklaşık 5-7 dakika boyunca ızgaranın altına yerleştirin.
e) Greyfurt yarımlarını fırından çıkarın ve servis yapmadan önce birkaç dakika soğumasını bekleyin.

çeşniler

74.Greyfurt margarita sosu

İÇİNDEKİLER:
- 4 arpacık
- 2 jalapeno
- 1 Yemek kaşığı bitkisel yağ
- 1 demet kişniş sapı
- 2 bardak greyfurt suyu
- ½ su bardağı tavuk suyu
- 3 ons tekila
- ¼ c limon suyu
- 2 yemek kaşığı mısır nişastası, 2¼ c greyfurt, portakal ve misket limonu dilimlerinde eritilmiş,
- 2 Yemek kaşığı kıyılmış kişniş
- 1 ons Cointreau
- Tuz

TALİMATLAR:
a) Yağı orta boy bir tencerede orta-yüksek ateşte ısıtın. Arpacık soğanı, jalapenos ve kişniş saplarını ekleyin ve 3 dakika terleyin. Greyfurt suyu, tavuk suyu, tekila ve limon suyunu ekleyin. Kaynatın.

b) Sürekli karıştırarak, sos koyulaşmaya başlayıncaya kadar mısır nişastası karışımını yavaş yavaş dökün; hepsini kullanmanıza gerek kalmayacak.

c) Yaklaşık 20 dakika kadar pişirin. İnce bir elek ile süzün. Narenciye dilimlerini, kişnişi ve Cointreau'yu katlayın. Tuzla tatlandırın.

75. Portakal reçeli

İÇİNDEKİLER:
- ½ greyfurtun kabuğu
- 1 portakalın kabuğu
- 1 limonun kabuğu
- 1 litre soğuk su
- 1 greyfurtun posası
- 4 adet orta boy portakalın posası
- 2 su bardağı limon suyu
- 2 su bardağı kaynar su
- 3 su bardağı şeker

TALİMATLAR:

a) Meyveyi hazırlamak için. Meyveleri yıkayıp soyun.
b) Kabuğu ince şeritler halinde kesin. Soğuk su ekleyin ve üstü kapalı bir tencerede yumuşayana kadar (yaklaşık 30 dakika) pişirin. Boşaltmak.
c) Soyulmuş meyvelerden tohumları ve zarı çıkarın.
ç) Meyveyi küçük parçalar halinde kesin.
d) Reçel yapmak için. Kabuğun ve meyvenin üzerine kaynar su ekleyin.
e) Şekeri ekleyin ve sık sık karıştırarak suyun kaynama noktasının 9°F üstüne kadar (yaklaşık 20 dakika) hızla kaynatın. Ateşten alın; sıyırmak.
f) Derhal sıcak, steril konserve kavanozlarına üstten ¼ inç kadar dökün.
g) Kaynayan su banyosunda 5 dakika boyunca kapatın ve işleyin.

76. Greyfurt Salatası

İÇİNDEKİLER:

- ½ bardak greyfurt suyu
- 2 yemek kaşığı bal
- 1 yemek kaşığı Dijon hardalı
- ¼ bardak zeytinyağı
- Tatmak için biber ve tuz

TALİMATLAR:

a) Küçük bir karıştırma kabında greyfurt suyunu, balı ve Dijon hardalını birlikte çırpın.
b) Salata iyice birleşene kadar sürekli karıştırarak zeytinyağını yavaşça ekleyin.
c) Tatmak için tuz ve karabiber ekleyin.
ç) Hemen kullanın veya 1 haftaya kadar buzdolabında hava geçirmez bir kapta saklayın.

77.Greyfurt ve Ballı Tereyağı

İÇİNDEKİLER:
- ½ bardak tuzsuz tereyağı, yumuşatılmış
- 1 yemek kaşığı greyfurt kabuğu rendesi
- 2 yemek kaşığı greyfurt suyu
- 2 yemek kaşığı bal
- Tatmak için tuz

TALİMATLAR:
a) Küçük bir karıştırma kabında yumuşatılmış tereyağını, greyfurt kabuğu rendesini, greyfurt suyunu, balı ve tuzu birleştirin.
b) İyice birleşene kadar karıştırın.
c) Hemen servis yapın veya buzdolabında hava geçirmez bir kapta 1 haftaya kadar saklayın.

78.Greyfurt ve Jalapeno Salsa

İÇİNDEKİLER:
- 1 greyfurt, parçalanmış ve doğranmış
- ½ kırmızı soğan, doğranmış
- 1 jalapeno, çekirdekleri çıkarılmış ve doğranmış
- 2 yemek kaşığı doğranmış taze kişniş
- 2 yemek kaşığı limon suyu
- Tatmak için biber ve tuz

TALİMATLAR:
a) Orta boy bir karıştırma kabında doğranmış greyfurt dilimlerini, doğranmış kırmızı soğanı, doğranmış jalapeno'yu, doğranmış taze kişnişi, limon suyunu, tuzu ve karabiberi birleştirin.
b) İyice birleşene kadar karıştırın.
c) Hemen servis yapın veya buzdolabında hava geçirmez bir kapta 3 güne kadar saklayın.

79. Greyfurt Avokado Salsa

İÇİNDEKİLER:

- 1 greyfurt, parçalanmış ve doğranmış
- 1 avokado, doğranmış
- 1/4 bardak kırmızı soğan, ince doğranmış
- 2 yemek kaşığı taze kişniş, doğranmış
- 1 jalapeno, çekirdekleri çıkarılmış ve ince doğranmış
- 1 misket limonunun suyu
- Tatmak için tuz
- Servis için tortilla cipsi

TALİMATLAR:

a) Bir karıştırma kabında doğranmış greyfurt, doğranmış avokado, doğranmış kırmızı soğan, doğranmış kişniş, doğranmış jalapeno ve limon suyunu birleştirin.
b) Malzemeleri iyice birleşene kadar yavaşça karıştırın.
c) Salsa'yı tuzla tatlandırın.
ç) Daldırma için greyfurt avokado salsasını tortilla cipsleriyle birlikte servis edin.
d) Bu canlandırıcı ve lezzetli salsanın tadını meze veya atıştırmalık olarak çıkarın.

80.Greyfurt Marmelatı

İÇİNDEKİLER:
- 4 büyük greyfurt
- 4 su bardağı toz şeker
- 4 bardak su

TALİMATLAR:
a) Greyfurtları iyice yıkayın ve kusurlarını giderin. Greyfurtları ikiye bölün ve suyunu sıkın, suyunu başka bir kullanım için saklayın.
b) Keskin bir bıçak kullanarak greyfurt kabuklarını ince şeritler halinde dilimleyin.
c) Büyük bir tencerede greyfurt kabuklarını ve suyu birleştirin. Orta-yüksek ateşte kaynatın, ardından ısıyı azaltın ve yaklaşık 30 dakika veya kabuklar yumuşayana kadar pişmeye bırakın.
ç) Şekeri tencereye ekleyin ve eriyene kadar karıştırın. Isıyı orta-yüksek seviyeye yükseltin ve karışımı kaynayan bir kaynamaya getirin.
d) İstenilen kıvama gelinceye ve jel testini geçene kadar marmelatı sık sık karıştırarak pişirin (soğutulmuş bir tabağa konulan küçük bir miktar, bir dakika içinde jelleşecektir).
e) Tencereyi ocaktan alın ve marmelatı sterilize edilmiş kavanozlara aktarmadan önce birkaç dakika soğumaya bırakın. Kavanozları kapatıp serin ve karanlık bir yerde saklayın.

81. Greyfurt Tadı

İÇİNDEKİLER:

- 2 greyfurt
- 1/2 kırmızı soğan, ince doğranmış
- 1/4 su bardağı doğranmış taze kişniş
- 2 yemek kaşığı bal
- 1 yemek kaşığı elma sirkesi
- Tatmak için biber ve tuz

TALİMATLAR:

a) Greyfurtları soyun ve dilimlerini çıkarın, ardından küçük parçalar halinde doğrayın.
b) Bir kasede doğranmış greyfurt, kırmızı soğan ve kişnişi birleştirin.
c) Küçük bir tencerede balı ve elma sirkesini bal eriyene ve karışım pürüzsüz hale gelinceye kadar ısıtın.
ç) Bal karışımını greyfurt karışımının üzerine dökün ve birleştirmek için karıştırın. Tatmak için tuz ve karabiber ekleyin.
d) Lezzeti hemen servis edin veya daha sonra kullanmak üzere soğutun.

82.Greyfurt Turşusu

İÇİNDEKİLER:

- 2 greyfurt
- 1 soğan, ince doğranmış
- 1 yemek kaşığı rendelenmiş taze zencefil
- 1/2 su bardağı elma sirkesi
- 1/2 su bardağı esmer şeker
- 1/4 çay kaşığı öğütülmüş karanfil
- 1/4 çay kaşığı öğütülmüş tarçın
- Tatmak için tuz

TALİMATLAR:

a) Greyfurtları soyun ve dilimlerini çıkarın, ardından küçük parçalar halinde doğrayın.

b) Bir tencerede doğranmış greyfurt, soğan, zencefil, sirke, esmer şeker, karanfil, tarçın ve tuzu birleştirin.

c) Karışımı orta ateşte kaynatın, ardından ısıyı azaltın ve ara sıra karıştırarak koyulaşana kadar yaklaşık 30 dakika pişirin.

ç) Hint turşusunu ocaktan alın ve sterilize edilmiş kavanozlara aktarmadan önce soğumasını bekleyin. Kavanozları kapatın ve buzdolabında saklayın.

83.Greyfurt Şurubu

İÇİNDEKİLER:

- 2 greyfurt
- 1 su bardağı toz şeker
- 1 bardak su

TALİMATLAR:

a) Greyfurtları soyun ve dilimlerini çıkarın, ardından küçük parçalar halinde doğrayın.
b) Bir tencerede doğranmış greyfurtu, şekeri ve suyu birleştirin.
c) Karışımı orta-yüksek ateşte kaynatın, ardından ısıyı azaltın ve koyulaşana kadar yaklaşık 20-25 dakika pişirin.
ç) Şurubu ince gözenekli bir elekten geçirerek posa veya tohumları çıkarın.
d) Şurubu bir şişeye veya kavanoza aktarmadan önce soğumasını bekleyin. İki haftaya kadar buzdolabında saklayın.

84. Greyfurt ve Nane Jölesi

İÇİNDEKİLER:

- 4 greyfurt
- 1 limon
- 4 bardak su
- 4 su bardağı toz şeker
- 1/4 bardak taze nane yaprağı, doğranmış
- 1 paket toz meyve pektini

TALİMATLAR:

a) Greyfurtları ve limonu soyun, kabuğunu büyük şeritler halinde çıkarın. Soyulmuş meyvelerin suyunu sıkın ve suyunu saklayın.

b) Büyük bir tencerede meyve suyunu, lezzet şeritlerini ve suyu birleştirin. Kaynatın, ardından ısıyı azaltın ve yaklaşık 10 dakika pişmeye bırakın.

c) Tencereyi ocaktan alın ve katıları atarak sıvıyı ince gözenekli bir elekten geçirin.

ç) Süzülmüş sıvıyı tencereye geri koyun ve şekeri ve doğranmış nane yapraklarını ilave ederek karıştırın. Karışımı orta-yüksek ateşte sürekli karıştırarak kaynatın.

d) Karışım kaynama noktasına ulaştığında toz meyve pektinini ekleyin ve sürekli karıştırarak 1 dakika kaynatmaya devam edin.

e) Tencereyi ocaktan alın ve jöle yüzeyindeki tüm köpükleri temizleyin.

f) Sıcak jöleyi sterilize edilmiş kavanozlara koyun ve 1/4 inçlik bir boşluk bırakın. Kavanozları kapatın ve kaynar su banyosunda 10 dakika bekletin.

g) Kavanozları su banyosundan çıkarın ve serin ve karanlık bir yerde saklamadan önce tamamen soğumalarını bekleyin.

KOKTEYLLER VE MOKTEYLLER

85.Vermut-Greyfurt Sangria

İÇİNDEKİLER:
- 1 şişe kuru beyaz vermut
- 2 su bardağı taze sıkılmış greyfurt suyu
- Tatmak için 1/4 bardak bal veya agav şurubu
- 1 greyfurt, ince dilimlenmiş
- 1 limon, ince dilimlenmiş
- 1 limon, ince dilimlenmiş
- 1 portakal, ince dilimlenmiş
- 2 bardak maden suyu veya soda
- Buz küpleri
- Süslemek için taze nane yaprakları

TALİMATLAR:
a) Büyük bir sürahide kuru beyaz vermutu, taze sıkılmış greyfurt suyunu ve bal veya agav şurubunu birleştirin. Bal eriyene kadar karıştırın.
b) Sürahiye ince dilimlenmiş greyfurt, limon, misket limonu ve portakalı ekleyin.
c) Aromaların birbirine karışmasını sağlamak için sangria'yı en az 1-2 saat buzdolabında saklayın.
ç) Servis yapmadan hemen önce sürahiye köpüklü su veya soda ekleyin ve birleştirmek için hafifçe karıştırın.
d) Bardakları buz küpleriyle doldurun ve sangria'yı buzun üzerine dökün.
e) Her bardağı taze nane yapraklarıyla süsleyin.
f) Vermut-greyfurt sangriasını soğutulmuş olarak servis edin ve tadını çıkarın!

86.Biberiye Suyu

İÇİNDEKİLER:
- 1 taze biberiye dalı, hafifçe ezilmiş
- ½ greyfurt, dilimlenmiş
- ½ kivi, soyulmuş ve doğranmış

TALİMATLAR:
a) Malzemeleri bir sürahiye yerleştirin.
b) Hindistan cevizi suyunu dökün ve karışana kadar karıştırın.
c) Gece boyunca soğutun.

87.Tuzlu-Greyfurt Kombucha

İÇİNDEKİLER:
- 4 ons pembe greyfurt suyu
- 4 ons siyah çay kombucha
- Deniz tuzu tutam

TALİMATLAR:
a)   Bir bardakta meyve suyu, kombucha ve tuzu karıştırıp servis yapın.

88. Ananaslı Greyfurtlu Detoks Smoothie

İÇİNDEKİLER:
- 1 bardak dondurulmuş ananas, doğranmış
- 1 küçük greyfurt, soyulmuş ve parçalara ayrılmış
- 1 su bardağı sade hindistan cevizi suyu
- ½ çay kaşığı rendelenmiş taze zencefil
- 1 su bardağı paketlenmiş bebek ıspanak
- 1 bardak buz

TALİMATLAR:
a) Tüm malzemeleri hazırlayın ve her şeyi bir karıştırıcıya koyun.
b) Pürüzsüz ve köpüklü bir doku elde edene kadar ananas, greyfurt, hindistan cevizi suyu, zencefil, ıspanak ve buzu karıştırın.

89.Beyaz Greyfurtlu Buzlu Yaban Mersini

İÇİNDEKİLER:
- 7 ons yaban mersini
- 7 ons şeker
- 7 dal kekik
- 16 ons beyaz greyfurt suyu
- 1 misket limonunun suyu
- 1 biberiye sapı, soyulmuş

TALİMATLAR:
a) 4 yaban mersini bir buz tepsisine koyun, meyvelerin üzerine su dökün ve dondurun.
b) Bir tencerede veya tencerede, şekeri ve 4 ons suyu orta ateşte birleştirin ve düzenli olarak karıştırarak kaynatın.
c) Kekik dallarını karıştırın.
ç) 2 yemek kaşığı kekik şurubunu greyfurt ve limon sularıyla birleştirin.
d) 4 bardakta servis yapın, her bardağa birkaç yaban mersinli buz küpü ekleyin ve biberiye ile süsleyerek soğuk olarak servis yapın.

90.Nar ve Pembe Greyfurt Punch

İÇİNDEKİLER:
- 2 su bardağı pembe greyfurt suyu
- 1 su bardağı nar suyu
- 2 bardak maden suyu veya soda
- Buz küpleri
- Süslemek için nar taneleri
- Garnitür için greyfurt dilimleri

TALİMATLAR:

a) Büyük bir sürahide pembe greyfurt suyu ile nar suyunu birleştirin.
b) Servis yapmadan hemen önce maden suyu veya sodayı ekleyin ve birleştirmek için hafifçe karıştırın.
c) Bardaklara buz küplerini doldurun ve punçları buzun üzerine dökün.
ç) Her bardağı nar taneleri ve bir dilim greyfurtla süsleyin.
d) Hemen canlandırıcı ve şenlikli bir yumruk olarak servis yapın.

91.Greyfurt Spritzi

İÇİNDEKİLER:

- 1 ons votka
- 1 ons Greyfurt suyu
- ¾ ons taze sıkılmış greyfurt suyu
- ½ ons basit şurup
- ¼ ons çilek likörü
- Kırık buz
- Tamamlamak için kulüp sodası
- Garnitür için nane sapı, limon çarkı ve çilek dilimi

TALİMATLAR:

a) Kokteyl çalkalayıcıya buz, votka, Greyfurt suyu, greyfurt suyu, basit şurup ve çilek likörü ekleyin.
b) Soğutmak için sallayın.
c) Ezilmiş buzun üzerinde kayalara veya şarap bardaklarına süzün.
ç) Sodayla tamamlayın.
d) Nane sapı, limon çarkı ve çilek dilimiyle süsleyin.

92.B eksikliği Bakire paloma

İÇİNDEKİLER:

- 3 Böğürtlen
- 5 çizgi Hella Bitters Füme Chili Bitters
- ½ ons taze sıkılmış limon suyu
- 4-6 ons Greyfurt sodası
- 1 ons Spirulina çayı, soğutulmuş

TALİMATLAR:

a) Ağır dipli bir kaya bardağında böğürtlenleri karıştırın. Bitterleri ve bir miktar limon suyunu ekleyin.

b) Meyveleri ve acıları ezilmiş buz tabakasıyla kaplayın. Bu, meyve tohumlarının içeceğin içinde yüzmesini önleyecektir.

c) Bardağı buzla doldurun ve üzerine soğutulmuş greyfurt sodası ekleyin.

ç) İstenirse renk için bir ons soğutulmuş Spirulina ekleyin. Misket limonu ve böğürtlen ile süsleyin.

93. Greyfurt Margarita

İÇİNDEKİLER:
- 2 ons tekila
- 1 ons taze limon suyu
- 1 ons taze greyfurt suyu
- ½ ons basit şurup
- Bardağı çerçevelemek için tuz
- Garnitür için greyfurt dilimi

TALİMATLAR:
a) Bardağın kenarını bir dilim greyfurtla ovalayıp ardından küçük bir tabak tuza batırarak tuzla çerçeveleyin.
b) Bardağı buzla doldurun.
c) Buzla doldurulmuş bir çalkalayıcıda tekila, limon suyu, greyfurt suyu ve basit şurubu birleştirin. İyice soğuyuncaya kadar kuvvetlice çalkalayın.
ç) Karışımı buzla dolu hazırlanmış bardağa süzün.
d) Greyfurt dilimleriyle süsleyip servis yapın.

94.Greyfurt ve Nane Mojito

İÇİNDEKİLER:
- Taze nane yaprakları
- 1 çay kaşığı toz şeker
- 1/2 limon, dilimler halinde kesilmiş
- 1/2 greyfurt, dilimler halinde kesilmiş
- 2 ons beyaz rom
- Buz küpleri
- Soda
- Süslemek için greyfurt dilimleri ve nane dalları

TALİMATLAR:
a) Bir bardakta taze nane yapraklarını toz şekerle kokusu çıkana kadar karıştırın.
b) Limon ve greyfurt dilimlerinin suyunu bardağa sıkın.
c) Sıktığınız dilimleri bardağa ekleyin.
ç) Bardağa beyaz rom ve buz küpleri ekleyin.
d) Soda suyunu ekleyin ve birleştirmek için hafifçe karıştırın.
e) Greyfurt dilimleri ve nane dallarıyla süsleyin.
f) Hemen servis yapın ve bu ferahlatıcı greyfurt ve nane mojitosunun keyfini çıkarın.

95.Greyfurt ve Bal Margarita

İÇİNDEKİLER:

- 2 ons tekila
- 1 ons taze sıkılmış greyfurt suyu
- 1/2 ons bal
- Buz küpleri
- Garnitür için greyfurt dilimi

TALİMATLAR:

a) Bir kokteyl çalkalayıcıda tekila, greyfurt suyu ve balı birleştirin.
b) Çalkalayıcıyı buz küpleriyle doldurun ve iyice soğuyuncaya kadar kuvvetlice çalkalayın.
c) Karışımı, buzla dolu, kenarları tuz olan bir bardağa süzün.
ç) Greyfurt dilimleriyle süsleyin ve hemen servis yapın.

96.Sıcak Greyfurt Çayı

İÇİNDEKİLER:
- Taze sıkılmış greyfurt suyu
- Sıcak su
- Bal
- Tarçın çubuğu (isteğe bağlı)

TALİMATLAR:
a) Bir kupada taze sıkılmış greyfurt suyunu 1:1 oranında sıcak suyla birleştirin.
b) Tatlılığın tadına bakmak için balı karıştırın.
c) İsteğe bağlı olarak ekstra lezzet için tarçın çubuğu ekleyin.
ç) Lezzetlerin demlenmesi için birkaç dakika demlenmesini bekleyin.
d) Kullanılmışsa tarçın çubuğunu çıkarın ve sıcak greyfurt çayının tadını çıkarın.

97. Çilek-Greyfurt Smoothie

İÇİNDEKİLER:
- 1 greyfurt, soyulmuş ve parçalara ayrılmış
- 1 bardak çilek, kabukları soyulmuş
- 1 muz, soyulmuş
- 1/2 bardak Yunan yoğurdu
- 1/2 su bardağı portakal suyu
- Bal veya agav şurubu (tatlılık için isteğe bağlı)
- Buz küpleri (kalınlık için isteğe bağlı)

TALİMATLAR:
a) Greyfurt dilimlerini, çilekleri, muzu, Yunan yoğurtunu ve portakal suyunu bir karıştırıcıya yerleştirin.
b) Ekstra tatlılık için istenirse bal veya agav şurubu ekleyin.
c) Pürüzsüz ve kremsi olana kadar karıştırın.
ç) Daha yoğun bir kıvam elde etmek için istenirse buz küpleri ekleyin ve tekrar karıştırın.
d) Bardaklara dökün ve hemen servis yapın.

98.Lillet Rose Greyfurt Kokteyli

İÇİNDEKİLER:
- 2 ons Lillet Gül
- 1 ons taze sıkılmış greyfurt suyu
- 1/2 ons basit şurup
- Garnitür için greyfurt büküm

TALİMATLAR:
a) Bir çalkalayıcıyı buz küpleriyle doldurun.
b) Çalkalayıcıya Lillet Rose, taze sıkılmış greyfurt suyu ve basit şurubu ekleyin.
c) Soğuyana kadar iyice çalkalayın.
ç) Soğutulmuş bir kokteyl bardağına süzün.
d) Greyfurt dokunuşuyla süsleyin.
e) Bu canlandırıcı ve zarif kokteyli servis edin ve keyfini çıkarın.

99.Baharatlı Greyfurt Spritz

İÇİNDEKİLER:
- 1/2 su bardağı taze sıkılmış greyfurt suyu
- 1/4 su bardağı maden suyu
- Tatlandırmak için 1-2 yemek kaşığı bal veya basit şurup
- 1/2 çay kaşığı rendelenmiş zencefil
- Bir tutam acı biber (isteğe bağlı)
- Buz küpleri
- Garnitür için greyfurt dilimleri

TALİMATLAR:
a) Bir bardakta greyfurt suyunu, maden suyunu, balı veya basit şurubu, rendelenmiş zencefili ve kırmızı biberi (kullanılıyorsa) birleştirin. İyice karışana ve bal eriyene kadar karıştırın.
b) Bardağı buz küpleriyle doldurun.
c) Bir dilim greyfurtla süsleyin.
ç) Hemen servis yapın ve canlandırıcı ve baharatlı spritzin tadını çıkarın!

100.Greyfurt Vanilyalı Shake

İÇİNDEKİLER:
- 1 greyfurt, soyulmuş ve parçalara ayrılmış
- 1 bardak vanilyalı dondurma
- 1/2 su bardağı süt
- 1 yemek kaşığı bal (ekstra tatlılık için isteğe bağlı)

TALİMATLAR:
a) Greyfurt dilimlerini, vanilyalı dondurmayı, sütü ve balı (eğer kullanılıyorsa) bir karıştırıcıya yerleştirin.
b) Pürüzsüz ve kremsi olana kadar karıştırın.
c) Bardaklara dökün ve hemen servis yapın.

ÇÖZÜM

Greyfurt mutfağına ilişkin mutfak araştırmamızı tamamlarken, " EN İYİ GREYFURT GURME KİTABI "nın bu sevilen narenciye meyvesinin parlak ve keskin tatlarını kendi mutfağınızda kucaklamanız için size ilham verdiğini umuyoruz.

Parmaklarınızın ucundaki 100 yenilikçi tarifle, ferahlatıcı salatalardan iştah açıcı mezelere ve enfes tatlılara kadar çok çeşitli yemeklere greyfurt eklemenin mutluluğunu yaşadınız. İster leziz greyfurt ceviche, ister keskin greyfurt soslu somon, isterse de leziz greyfurt panna cotta ile kendinizi şımartmış olun, greyfurt mutfak maceranızın her anından keyif aldığınıza güveniyoruz.

Greyfurtla yemek pişirme dünyasını keşfetmeye devam ederken, yaratıcılığınızın çılgına dönmesine izin vermenizi öneririz. İster yeni lezzet kombinasyonları, teknikleri veya sunumları deneyin, konu greyfurt mutfağına gelince olanaklar sonsuzdur.

Bu lezzetli yolculukta bize katıldığınız için teşekkür ederiz. "EN İYİ GREYFURT GURME KİTABI"nın mutfağınızda değerli bir arkadaş olmasını, önümüzdeki yıllarda lezzetli yemeklere ve unutulmaz mutfak deneyimlerine ilham vermesini umuyoruz. Tekrar buluşana kadar yemekleriniz parlak, cesur ve greyfurtun canlı lezzetleriyle dolu olsun. Afiyet olsun!